地方創生への挑戦

SBIグループが描く新しい地域金融

SBIホールディングス
代表取締役社長
北尾吉孝
Yoshitaka Kitao

きんざい

はじめに

新型コロナウイルス（COVID-19）の感染拡大は私たちの生活と社会構造に大きな変化をもたらしました。感染リスクを低減するため、人との接触や移動が制限されたことで、デジタルトランスフォーメーション（DX）が一気に加速しました。リモートワークも急拡大し、レストランの料理をオンラインで注文するといった行動様式もすっかり〝新しい日常〟となりました。また、ニューヨークやロンドン、東京といった巨大都市では新型コロナの感染者が著増し、日本では東京一極集中のリスクが顕在化したことで地方分散型社会への転換がこれまで以上に叫ばれています。今までは当たり前のことだと思っていた日常のさまざまなことが、非連続的な変化を迫られています。

こうした大きな困難に見舞われている今はあらゆる面で進化すべき時でもあります。東京一極集中から地方分散型社会へ。ポストコロナは間違いなく地方の時代です。

地方は魅力にあふれています。その魅力、そこで暮らす人たちや企業、行政のことを一番よく理解しているのは、そこに根差した地域金融機関です。実際、私どものもとには、実にさまざまな業種の方々から「地域金融機関の協力を得て地方でビジネスをしたい」との相談が舞い込んでいます。

地域金融機関の強みは、その顧客基盤と長年にわたって培われた地域における「信用」です。地域に根付く中堅・中小企業と幅広く取引をし、個人のお客様とも多くの接点があるだけに、地域におけるブランド力も抜群です。それらはメガバンクや最先端のテクノロジーを持つフィンテック企業でも到底かないません。

もちろん、地域金融機関には本書で触れているような課題が多くあるのも事実です。しかしその課題を克服すれば、間違いなく「持続可能なビジネスモデル」を構築でき、地域も活性化していくはずです。

ＳＢＩグループはこれまで3年超にわたり、そうした地域金融機関の諸課題の解決に資するべく提携を強化し、インターネット金融グループとしての先進的なテクノロジー、ノウハウ、ビジネスモデルを提供してきました。２０２０年12月現在では、７つの地域金融機関との間で戦略的資本・業務提携を行っています。2019年9月の島根銀行との資本・業務提携を皮切りに、それぞれの取り組みで徐々に成果を上げつつあり、十分な手ごたえを感じています。

その上で、今後は地域金融機関のほかに地域住民、地域産業、地方公共団体を加えた4つの経済主体にアプローチすることで地方創生の具現化を目指すべく、2020年8月に志を同じくする複数のパートナーと地方創生に関する企画・戦略を立案し推進していく母体として「地方創生パートナーズ」を設立しました。本書はSBIグループの地方創生への取り組みが地域金融機関との連携からさらに進化し、新たな段階に入ったことをご説明したいと思い、上梓するものです。

ポストコロナの時代に目指すべき地方分散型社会の構築は、SBIグループが地域金融機関とこれまで取り組んできた方向と一致しています。しかし、地方をひとくくりで論じることはできません。それぞれの地域ごとに名物料理があるように、文化や環境が違います。同じ色に染まるのではなく、その地方の持つ特徴や良さ(魅力)を活かしてそれぞれが活性化し、発展していくことが重要です。

ＳＢＩグループが地方創生に取り組む根底には、「公益は私益に繋がる」という考え方があります。すなわち、世の為人の為になる活動をしていけば、やがて自らの利益にもつながるという考えで、これはＳＢＩグループの創業時からの想いです。地方が元気になること、それが日本に明るい未来をもたらすと私は信じています。本書が、一人でも多くの方に地方創生への関心を高めていただくきっかけとなり、「ふるさと」の活性化につながれば大変うれしく思います。

北尾 吉孝

［目次］

第1章

SBIグループの経営理念とこれまでの事業展開

インターネット金融コングロマリットとして成長

SBIグループは1999年（平成11年）にソフトバンクが持株会社化したことに伴う分社化により同社の金融部門の子会社としてスタートしました。その後、2006年にソフトバンクから完全に独立し、創業20余年、消費者・投資家により高い便益性をもたらす金融サービスを多岐にわたって提供することでわが国のインターネット金融の発展を牽引し、飛躍的な成長を遂げてきました。創業当時わずか社員55名、資本金5000万円に過ぎなかった企業が、社員約8500名・資本金973億円（2020年9月末現在）、時価総額約7000億円（直近ピーク時には8000億円超）の金融グループに成長しました。

現在は、証券、銀行、保険を網羅する「金融サービス事業」、ベンチャー投資等の「アセットマネジメント事業」、そしてテクノロジーを活用した新薬開発などに取り組む「バイオ・ヘルスケア&メディカルインフォマティクス事業」を3大事業とし、盤石な事業体制を整えています。2020年9月末時点でグループ全体で延べ2887万人ものお客様とお取

［図表 1-1］**顧客中心主義の徹底とグループシナジーの追求により拡大してきたSBIグループの顧客基盤**

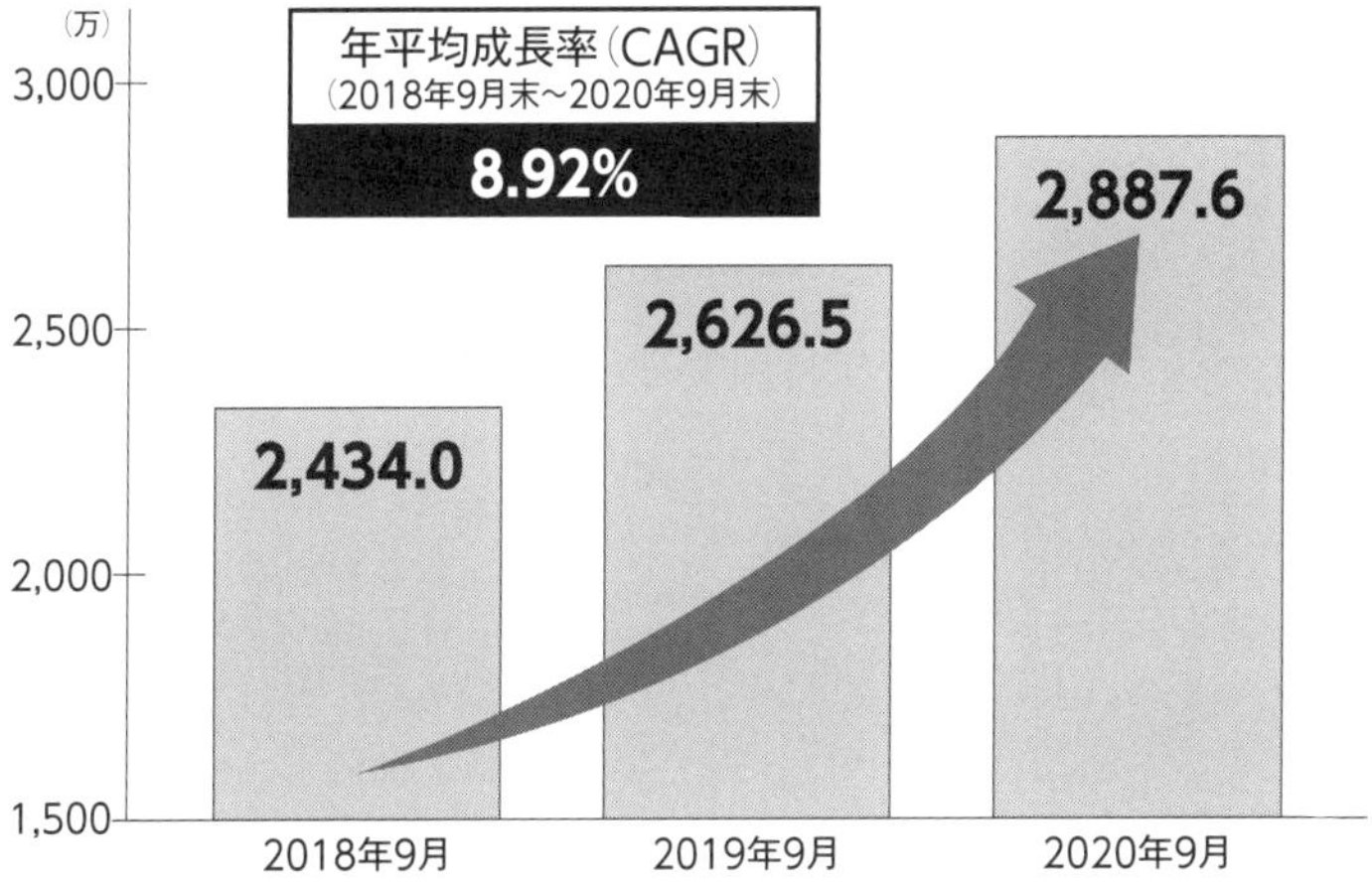

■顧客基盤の内訳(2020年9月末)※1,2

(単位:万)

SBI証券およびSBIネオモバイル証券		口座数	595.9
SBIH	インズウェブ	保有顧客数	990.7
	イー・ローン	保有顧客数	285.5
MoneyLook(マネールック)		登録者数	95.0
モーニングスター		利用者数 ※3	104.6
住信SBIネット銀行		口座数	420.3
SBI損保		保有契約件数	111.6
SBI生命		保有契約件数 ※4	21.4
その他(SBIポイント等)		―	262.5
合計		―	2,887.6

※1 各サービスサイト内で同一顧客として特定されない場合、およびグループ企業間において顧客が重複している場合はダブルカウントされている。
※2 組織再編に伴ってグループ外となった会社の顧客数は、過去の数値においても含めず。
※3 モーニングスターが提供するスマートフォンアプリのダウンロード数を含む。
※4 SBI生命の保有契約件数には、団体信用生命保険の被保険者数を含む。

引をさせていただいており（図表1－1）、グループのベンチャーキャピタルであるSBIインベストメントからの累計投資社数は国内外合わせて986社、エグジット率は17・1％（2020年12月末現在）と高いパフォーマンスを誇っています。

なぜ私どもがここまで成長できたのか。

そこにはさまざまな要因がありますが、主因は、その時その時における戦略・戦術の取り組みが時流に乗っていたこと、何より創業以来一貫して、お客様のため、投資家の皆様のために顧客中心主義を貫いて、より革新的なサービス・ビジネスの創出に努めてきたことだと自負しています。

創業当時からのSBIグループの急成長を支えたマクロの外的要因としては「インターネット革命」と「金融の規制緩和」という2大潮流が挙げられます。

インターネット革命については改めてお話する必要はないと思いますし、インターネットが登場する前と後では、世の中の動きも人々の思考・行動も大きく変わったのは皆さんがご存じのとおりです。

金融ビジネスは情報産業そのものです。したがって、膨大なデータや情報を瞬時にグローバルでやり取りできるインターネットとの親和性は非常に高い。SBIグループでは猛烈なスピードで進化する情報通信技術をビジネスモデルの中に取り入れることで、インターネットをメインチャネルとした証券・銀行・保険をコアとする金融サービス事業を展開してきました。もう一つのわれわれの戦略は企業生態系の構築と仕組みの差別化ということです。私の組織観のベースには複雑系の科学というものがあり、企業生態系の構築がインターネット時代に最も組織優位性を発揮できると考え、企業生態系という形でグループを作ってきたのです。この企業生態系ではさまざまな金融関連会社をグループ傘下に置き、それぞれの会社が同じベクトルで進化し、かつシナジーを相互に働かせることができる。その結果、われわれは世界的に見ても極めてユニークな総合金融グループとして成長することができました。

金融の規制緩和もSBIグループにとっては追い風となりました。欧米に大きく後れをとっていた日本の金融市場を活性化するため、1996年（平成8年）11月に当時の橋本首相は「2001年までに東京をロンドン、ニューヨーク並みの市場に」をスローガンに、銀行、証券、保険会社の業務を制限してきた規制を緩和・撤廃し、国内金融機関と金融市場の国際競争力向上を目指した金融改革（日本版金融ビッグバン）を打ち出しました。金融持株会社設立の解禁、株式の売買委託手数料の完全自由化、銀行窓口での投資信託の販売解禁など、規制緩和は多岐に及びました。SBIグループはまさに日本版金融ビッグバンの真っただ中で船出したのです。

米ネット証券最大手であるチャールズ・シュワブのウォルト・ベッティンガーCEOはこう言っています。「時代の流れとして不可避的なものは先にやる者が基本的にはメリットを得、やらなければ負ける」。SBIグループは時代の流れとして不可避と思われるさまざまなことに、常に先陣を切って挑戦してきました。もちろん、前人未到の戦略に対して、マスコミにおもしろおかしく書きたてられたこともありました。

顧客中心主義の徹底

創業以来、今日まで、一貫して事業構築の基本観にしているのは「顧客中心主義」の徹底です。

インターネットの登場により、社会・経済のさまざまな面で劇的な変化が生じました。その中の一つに消費や投資における主権が供給サイド（企業）から需要サイド（消費者・投資家）に移ったことが挙げられます。インターネットを利用することで顧客が自由かつ瞬時に大量の情報にアクセスでき、その情報に基づいて、より適切な選択ができるようになったということです。インターネットが登場する前は、消費市場の主権は企業サイドが握っていました。メーカーが生産・製造したものを消費者は一方的に購入しているだけでした。しかし、今や、需要を決定する主役は消費者です。実際、小売りの世界ではほとんどのメーカーが売り場起点のデータドリブンな製造・販売手法をとっています。

消費者のほうが店員より商品に詳しく、気に入った品物がなければ黙って別の店やウェブサイトに行く、対応が悪ければＳＮＳに書き込みその悪い評価があっという間に拡散する――こうした主権を消費者や投資家が握っているインターネット時代においては、顧客中心主義の徹底が決定的に重要です。ＳＢＩグループの場合、インターネットをビジネスの根幹に据えている以上、なおさらです。

最近でこそ金融庁も金融機関に対して「顧客本位の業務運営（フィデューシャリー・デューティー）」を強く求めていますが、SBIグループでは創業当初から「顧客中心主義の徹底」を経営の基本とし、全員が常に「お客様が求めていることは何か」「もっとお客様のためになることは何か」を考え、お客様の期待に応えていく努力を続けてきました。

SBI証券における株式売買委託手数料の継続的・段階的引き下げは「顧客中心主義」を実践した一つの例と言えます。1999年にイー・トレード証券（現SBI証券）がインターネット取引を開始した当時、株式の売買委託手数料は29・5bp（bp＝委託手数料÷委託売買代金）でした。しかし、「手数料を圧倒的に安くし真に顧客の立場に立ったサービスを徹底的に追求する」「常にお客様のため投資家の皆様のための利益を第一に考え、高い顧客満足度を獲得し、維持する」という考えのもと、手数料を引き下げ続け、現在では3・0bp、営業開始当時の10分の1の水準になっています。また、大手証券会社の対面サービスの手数料と比較すると20分の1以下という水準です（図表1－2）。

イー・トレード証券が株式売買委託手数料を一気に引き下げた当時、高い手数料で儲けていた業界他社からは「イー・トレード証券はとんでもないことをしてくれた」「そんな

［図表 1-2］ **SBI証券の株式売買委託手数料（bp：ベーシス）の推移**

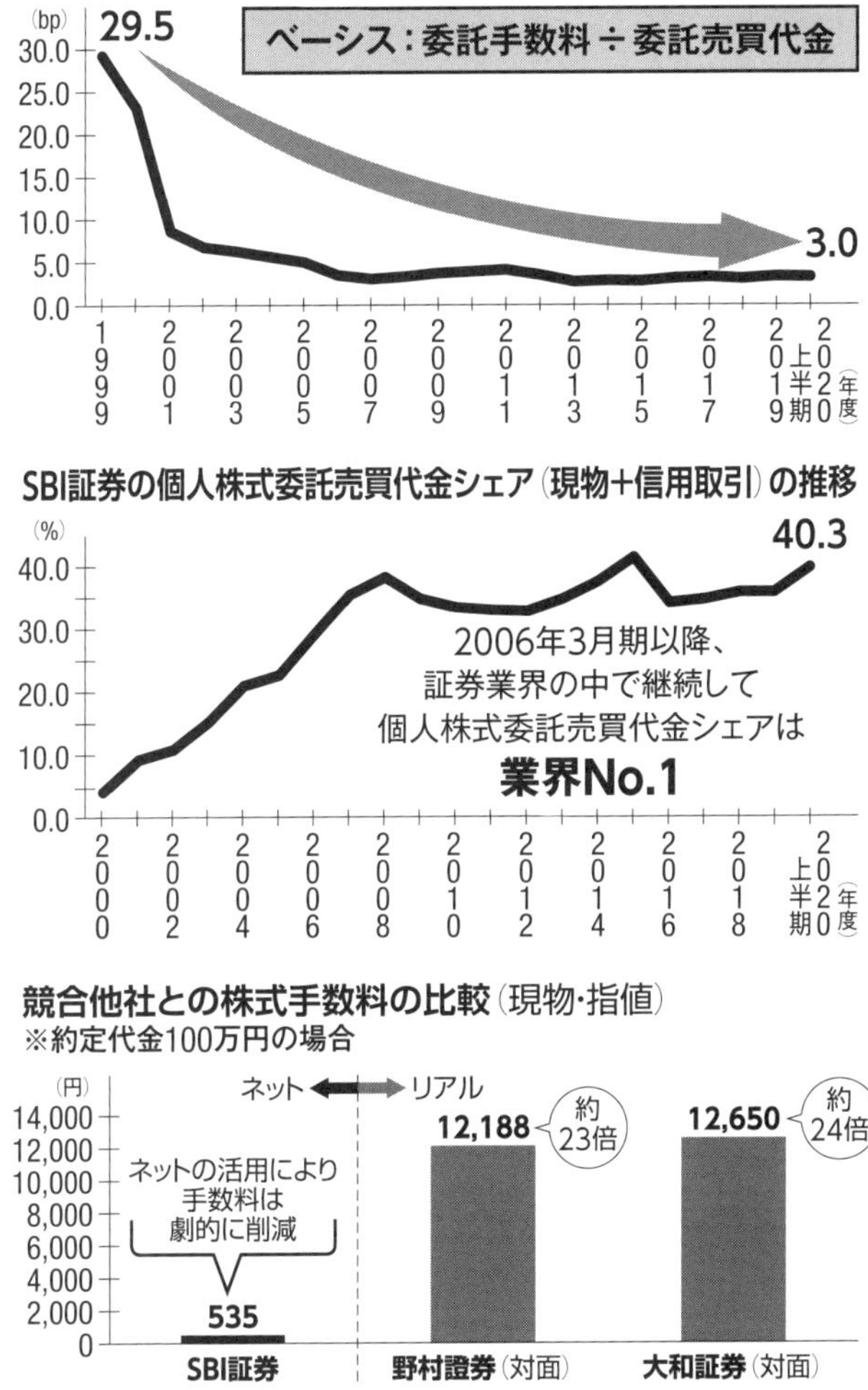

※1　現物・指値取引における1注文の約定金額に発生する2020年11月4日現在の手数料。
※2　各社の行うキャンペーン等は考慮せず。
※3　上記記載はあくまで一例。各社により手数料体系は異なる。

に安い手数料では早晩、つぶれる」などとさんざん言われましたし、社内からも「そんなことをしたら大赤字になる」と異論が出ました。しかし、私は「自分が責任をとるから引き下げるように」と強く指示をしました。

そこには、私が事業戦略に活かしてきた「量質転化の法則」という考え方があります。創業以来、厳しい競争の中でどうしたら勝ち残っていけるのかを常に考え続けてきましたが、一つのヒントを得たのはドイツ観念論を代表する哲学者であるフリードリヒ・ヘーゲルの唱えた「量質転化の法則」です。毛沢東も『矛盾論』の中で、「量の蓄積は質を規定する」と述べていますが、「量が増えれば、質が良くなり、さらに量が増えるといった好循環が生まれる」ということです。日本でも三越の前身の「三井越後屋呉服店」(越後屋)が「薄利多売」を商売の基本としていましたが同様のことです。

まずは「量」、すなわち圧倒的なマーケットシェアを獲得することが重要なのです。お客様(量)が増えれば増えるほどさまざまな商品・サービスを充実させていかなければなりません。システムや事務部門、コンプライアンス体制も強化していく必要があります。

このようにお客様が増えれば、「質」もおのずと改善され、質が良くなれば、その分、またお客様の数が増えていく。その好循環が「量質転化の法則」です。このことはインターネットビジネスにおいては特に当てはまります。

実際、顧客中心主義の徹底により手数料を思いきって引き下げたことが多くのお客様から支持され、SBI証券はリテールマーケットで断トツのシェアを誇る証券会社に成長することができたことは後ほどご紹介するとおりです。SBI証券の飛躍は、「量質転化の法則」を見事に証明したと言えます。

新しいテクノロジーを駆使して顧客中心主義を徹底することで顧客基盤を拡大し、自らも企業価値を高めていくという戦略は、SBIグループのすべての事業で徹底しています。

戦略がすべて

SBI証券における顧客中心主義を追求した戦略の一端をお話ししましたが、私はSBIグループの経営にあたり、「戦略」と「戦術」の違いを強く意識しています。

広辞苑によれば、「戦略（strategy）」とは「戦術より広範な作戦計画。各種の戦闘を総合し、戦争を全局的に運用する方法。転じて、政治・社会運動などで、主要な敵とそれに対応すべき味方との配置を定めること」であり、「戦術（tactics）」とは「戦闘実行上の方策。一個の戦闘における戦闘力の使用法。一般に戦略に従属。転じて、ある目的を達成するための方法」のことです。どちらも元々は軍事用語ですが、経営やビジネスの現場では、「戦略」は組織が前に進むための長期的な筋道、「戦術」は戦略を実現するための細かな具体策・プランといったニュアンスで使われているのではないでしょうか。

このように「戦略」と「戦術」は、意味するところはまったく異なります。戦術は間違っても構いません。そもそも戦術（方法論）は一つだけとは限りませんし、いつでも修正が利きます。戦略を達成できるのであれば、どんな戦術をとっても良いのです。

しかし、戦略は決して間違ってはいけません。吉田松陰は「夢なき者に理想なし、理想なき者に計画なし、計画なき者に実行なし、実行なき者に成功なし。故に、夢なき者に成功なし」と説きました。鳥のように空を飛びたいという夢が飛行機の発明につながり、魚のように大海原を動き回りたいという思いが船を生み出しました。しかし、夢や思いを実現させるためには戦略が必要です。戦略がなければ、それはただの夢物語で終わってしまいます。

SBIグループでは、私が全体の戦略を策定し、グループ各社がそれを受け止めて、それぞれ個別戦略を打ち出していく形をとっています。たとえば、私が「地方創生に取り組む」という大戦略を打ち出し、それを受けてグループ各社はどのようにすれば地方創生に貢献できるかを徹底的に考えて動く。SBI証券であれば地域金融機関と金融商品仲介業で提携していく、あるいはSBIマネープラザでは地域金融機関と共同店舗を展開する。そうした形でグループ全体のベクトルを合わせ、「地方創生」という大戦略を遂行していきます。

戦略の成否は時代の流れ、つまり、時流をいかに的確につかむことができるかで決まります。そこを見誤らないためには組織のリーダーは常に学び、考え続けるしかありません。

私は幼い頃から父の影響もあり、中国古典に興味を持ち、中国の古典をずいぶんと読んできました。それに加えて、洋の東西を問わず哲学書や歴史書を読むことで、偉大な先人たちの教えを学び、リーダーシップのあり方や経営判断の軸を身に付けてきました。本書でもそうした中国古典や先人たちの教えのいくつかをご紹介していきたいと思っていますが、戦略を誤らないためには学び、考え、行い、そして学び、この繰り返ししかないのはなぜか、それは『論語』で孔子が述べている次の言葉が一つの答えを示しているように思います。

「学びて思わざれば則ち罔《くら》し、思いて学ばざれば則ち殆《あやう》し」

（学んでも自分で考えなければ、茫漠とした中に陥ってしまう。空想だけして学ばなければ、誤って不正の道に入ってしまう）

また、王陽明の『伝習録』の中の次の言葉「知は行の始めなり。行は知の成るなり」はもう一つの答えです。知を得た人はどんどんとその知を行に移し、知と行とが一体になる「知行合一」的な動きにもっていかねば、得たその知は本物にはならないということです。

常に学び、考え、正しい戦略を立て果敢に実行するという「知行合一」のためには私は時間を惜しみません。

ところで、時流を的確につかむことができるかどうかが戦略の成否を握っていると申し上げましたが、時流をつかむ、つまり「先見性を持つ」「ニーズの動向を把握する」ためにはどうすれば良いのでしょうか。

阪急電鉄を築いた小林一三さんは、創業時に沿線の土地を大阪船場の豪商たちにただ同然で提供しました。その結果、豪商たちはそこに豪邸を建て阪急沿線は日本でも有数の高級住宅地となりました。さらに、阪急百貨店や宝塚歌劇団などの娯楽施設で沿線地域を活性化させました。彼の先見性とは「百歩先を見たら狂人と言われる。しかし足元だけ見ていたら置いてけぼりを食らってしまう。十歩先くらいを見るのが一番良い」と自らが語っているように十歩先を見て阪急電鉄をいかに成長させていくかを考え抜き、それを可能ならしめる要素を一つひとつ実現させていったことだと思います。

戦略を左右するという意味ではもちろんのこと、先見性を持つことは経営者に不可欠な素養の一つです。先見性のない経営者のもとでは、社員がいくら頑張ってもビジネスは成功しません。

私は先見性を養うために常に洞察しなければならないことは『易経』の教えである「3つのキ」だと思っています。

第1に「幾」、すなわち物事が変化する「兆し」のことです。物事が変化する時には必ず兆しがあります。その兆しを捉えられるかどうかがその先を見通す上で大変重要です。

2つ目は「期」、「タイミング」です。何か新しい商品・サービスをスタートさせる際に、タイミングが早すぎても遅すぎても良い商売にはなりません。ちょうど良いタイミングを見極めなければなりません。

そして3つ目は「機」です。人間の体にはツボがあるように、ビジネスにおいても「勘所」があります。「この事業の本質はこれだ」といった勘所をいかにおさえることができるかが戦略の成否につながります。

公益は私益に繋がる

SBIグループでは「顧客中心主義の徹底」とともに、「公益は私益に繋がる」という考えもすべての事業の根底に置いています。

企業とは何か。この本質的な問いに対する私の答えは、「社会なくして企業なく、企業なくして社会なし」です。すなわち、企業とは社会にあって初めて存在でき社会から離れては存在できない、そして企業もまた社会の重要な構成要素であり、企業なくして豊かな社会の実現は難しいということです。

『論語と算盤』で渋沢栄一翁は、「国民の役に立たない会社はつくらない。国民の役に立つ会社をつくれば、必ず繁栄するはずだ」と説いています。実際、渋沢翁は500余もの会社をつくり、今でも立派な企業として残っているところがたくさんあります。私も、企業活動では常に「公益」、つまり「世の為人の為」ということを念頭に置かなければならない、そうすることが私益、すなわち自社の利益につながっていくと確信しています。どんなに事業が成功しても、「公益」が達成されなければ意味がないと考えています。

中国の古典である『菜根譚』の中に、「徳は事業の基《もとい》なり。未だ基固《そのかた》からずして棟宇《とうう》の堅久《けんきゅう》なる者有らず（事業を発展させる基礎となるのは徳であり、この基礎が不安定では建物が堅固ではありえない）」という言葉があります。基本的に事業は、「徳業」でなければ長期的には存続し得ません。一時的に利益が出て発展するようなケースも、中にはあるかもしれません。しかし長い目で見れば、「世の為人の為」になっている事業、企業だけが継続的に発展していくことができるのだと思います。

先ほどもお話した、ＳＢＩ証券における株式売買委託手数料の引き下げも「公益は私益に繋がる」を証明した典型的なケースです。実は、「顧客中心主義」と「公益は私益に繋がる」という思想とは、密接な関係にあります。固定手数料のもと証券会社に入っていた莫大な収入を、手数料を引き下げることで投資家の皆さんに還元するという公益を追求した結果、ＳＢＩ証券ではお客様の数も、株式委託売買代金のシェアも業界トップの水準にまで著増し、利益も大きく伸長、文字どおり、「公益は私益に繋がる」が実現されたのです。

本書のメインテーマであるＳＢＩグループの地方創生への積極的な関与も、「公益は私益に繋がる」という考えに大いに沿うものです。

後ほど詳しくご説明しますが、地方創生は今や、国家目標でもあります。地方創生なくして日本の成長はありません。その地方創生にわれわれが力を注ぐことは「公益」の実現にほかなりません。ただ、一方でわれわれも私企業ですので、慈善事業、ボランティアでやっているわけではありません。公開企業として株主に対する説明責任を果たさなければなりません。われわれの地方創生への取り組みが持って回って、われわれのビジネスにプラスになる、グループの収益につながるという「私益に繋がる」の道筋ももちろん、しっかりと考えています。

ＳＢＩグループが資本・業務提携をさせていただいた銀行の1行である島根銀行の鈴木良夫頭取からは、「いったん離れてしまっていた昔からお取引のあったお客様がＳＢＩさんとの資本・業務提携を機にまた戻ってきてくれました」「ＳＢＩマネープラザとの共同店舗設置のおかげで大幅に預かり資産が増加し収益力が上がりました」といったうれしい報告とともに、「ここ数年、経営不振のせいで当行への就職を志望する学生はほとんどいなかったのですが、おかげさまで多くの学生が『ぜひ入行したい』と採用試験に来てくれるようになりました」といったお話もうかがいました。意欲と志を持った若者が銀行に入り成長し活躍していく。そのことを通じて地域も活性化し、われわれもその果実を享受する。「公益は私益に繋がる」とはそういうことなのです。

『論語』の中の一つの大事な考え方に、「義利の弁」があります。利を先にするのか、義を先に思うのか。それによってすべては決まるということです。このことはビジネスをしていく上で常に念頭に置かなければなりません。経営をするとは、利益を追求するということですが、利益一辺倒では駄目なのです。私は常に義を先に思い、利は後でついてくるものだと考えています。SBIグループの社員は、「顧客中心主義」「世の為人の為」「公益は私益に繋がる」ということを、耳にたこができるほど繰り返し聞かされています。それこそが、わがグループを今日繁栄せしめた、まさにキードライバーなのです。

不当利益への義憤

時代は少しさかのぼりますが、ここで私が野村證券からソフトバンクに移ってすぐに対峙した「事件」についてお話しておきたいと思います。

1995年、私は野村證券を退職し、まだ店頭登録企業だったソフトバンクで財務担当の常務取締役に就き、同社が500億円の資金を調達するにあたり、わが国で初めてとなる社債管理会社を設置しない財務代理人方式（FA方式）による無担保普通社債（SB）の発行を計画しました。1993年に商法が改正され、一定の要件を満たせばFA方式による

SB発行が認められていたからです。

しかし、この計画を発表すると、それまで社債管理会社の地位を独占的に確保してきた大手銀行（受託銀行）が猛反発し、当時の大蔵省も巻き込んで大騒動になりました。幸い最終的には、大蔵省もわれわれの考え方に理解を示し、無事に発行にこぎつけることができましたが、なぜ、大手銀行が猛反発したのか、そこには理由がありました。

当時、BBB格の事業法人の場合、500億円のSBを発行すると年間2250万円もの手数料を社債管理会社、すなわち受託銀行に支払っていました。これに対して、FA方式でのSBだと手数料はわずか100万円（別途、当初手数料が100万円）。発行企業のコストを比べればどちらにメリットがあるかは明白です。

受託銀行全体で発行企業から受け取っていた手数料は年間200億円以上もありました。これはあまりにもひどいと私は義憤にかられました。そして、もし大蔵省が認めなければ行政訴訟で訴えてでも実現させるとの強い決意で、ディールに取り組みました。

古い話をわざわざ持ち出したのは、私の反骨精神の旺盛さと言いますか、義憤による怒りは人一倍持ち合わせているといった性分を紹介したかったからです。なぜなら、この性分がSBIグループの全役職員に浸透して、「顧客中心主義」「世の為人の為」「公益は私益に繋がる」といったSBIグループの基本精神を形成してきたとも言えるからです。

提供しているサービスの対価としては見合わないような高い手数料を得ているようなケース（不当利益を得ていると言ったら言い過ぎかもしれませんが）は、金融業界では今でもいろいろあります。たとえば、東京証券取引所を傘下に持つ日本取引所グループの日本証券クリアリング機構の清算手数料や証券保管振替機構の手数料がそうです。証券会社がお客様からいただく手数料は、この間に劇的に下がっているのにどうして東証は独占的な状況を維持し手数料を見直さないのか。かねてより利用料が高いと批判されている全国銀行データ通信システム（全銀システム）やクレジットカードの決済システムである「CAFIS」、国際送金のネットワークシステム「SWIFT」などについても同様のことが言えます。

独占的な地位に甘んじ、競争による便益性向上やコスト削減に取り組まず、顧客中心主義や公益をないがしろにするような組織は、世の為人の為に存在しているとは言えません。私はそうした組織や仕組みとは徹底的に戦っていく覚悟でいます。

経営は時間の関数

経営とは「時間の関数」だと考えています。企業は生き物です。そこで私は、「これから5年、10年経ったら世の中はどのように変化し、会社はどのような状況になっているか」と常に考えながら経営を行っています。たとえばインターネットの世界であれば、5年、10年と時が経つにつれて、誰もがいつでもどこでもさまざまな方法でインターネットにアクセスするようになり、進む（進化）意味と深くなっていく（深化）意味の両方において、加速度的に「シンカ」するでしょう。そうした時代の潮流を見極めそこに乗ったかじ取りをしていくのです。

２０１3年に買収した韓国のＳＢＩ貯蓄銀行の再建は「経営は時間の関数」であることを示したケースと言えます。買収した当時、同行の債権全体の延滞率は51・6％もありました。個人からお金を預かり、それを若干の利ざやを取って顧客企業に融資することが本業であるにもかかわらず、当該貯蓄銀行は不動産のデベロッパーに接近し、不動産貸し付けに狂弃していたのです。不動産バブルが弾けると、同行の4兆ウォン強の総資産の半分以上が不良資産でしたので、「あんな銀行をSBIはよく買ったものだ」などと、あちこちでさんざん言われました。しかし、その後約3年で見事に再建し、2020年6月時点で総資産は10兆ウォンを突破、債権全体の延滞率も、直近では1・8％にまで低下しました（図表1－3）。純利益も韓国会計基準で、この2020年（1～12月）には230億円に到達する見込みです。

なぜこうしたV字回復が可能だったのか。それは、第一に、われわれが買収した銀行は、経営者の過度な利益追求で破綻したため、まずは経営陣を替え、正常な銀行経営に転換させました。商業銀行というものは、どこの国でも法や制度によって守られており、そう簡単にはつぶれないようになっています。国民の零細預金を集めて安全に運用し、過度なリスクを取り浮利を追わなければつぶれないのです。

次にわれわれが取りかかったことは、テクノロジーの活用ということでした。

買収した当時、この銀行はIT先進国の韓国にありながら、テクノロジーを活用して経営改善する意思がありませんでした。韓国ではインターネットや携帯端末が日常生活の

［図表 1-3］**SBI貯蓄銀行の子会社化以降の各指標推移**（韓国会計基準）

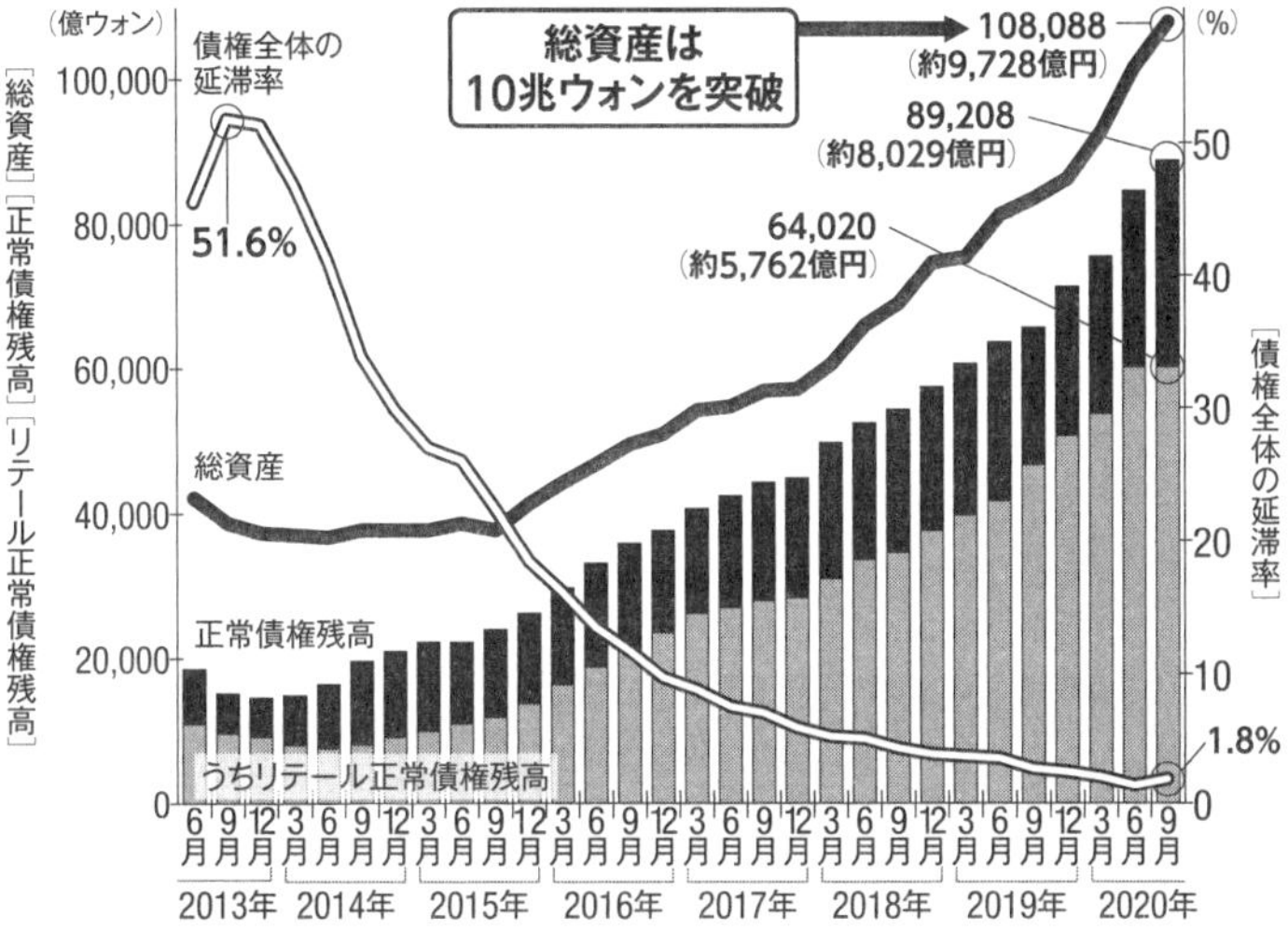

※韓国ウォン =0.09円で円換算

隅々にまで入り込んでいるので、こうしたモバイルチャネルを徹底的に活用すればお客様との取引を拡大でき、また、積極的にＡＩを導入して審査機能を高めれば、業績は必ず回復すると確信していました。私は常に「経営は時間の関数」だと考え、１年後はどうなる、２年後、３年後は、と将来の状況をシナリオで描き、手を打つようにしています。ＳＢＩグループは時間の経過とともにメリットを享受できるビジネスを展開しています。現在の地域金融機関の収益力強化に向けた取り組みも、こうした考えとそれに基づく経験知に依拠しています。

金融サービス事業の進化の歴史

ＳＢＩグループは以上のような経営哲学、経営理念のもとで成長し、図表１－１で示したように、インターネット金融分野を中心に顧客基盤は現在も急拡大を続けています。これは、インターネット金融と投資業を２軸として企業生態系を形成し、グループシナジーを徹底的に追求してきた結果と言えるでしょう。ここではインターネット金融の主要分野としてＳＢＩ証券と住信ＳＢＩネット銀行、さらに保険事業への取り組みの進化の歴史をご紹介したいと思います。

〈SBI証券〉

ＳＢＩ証券は１９９９年、インターネット取引を開始しました（当時はイー・トレード証券）。その後現在に至るまで、株式市況に影響を受けながらも利益を拡大させてきました（図表

［図表 1-4］**SBI証券の連結営業収益※と日経平均の推移**

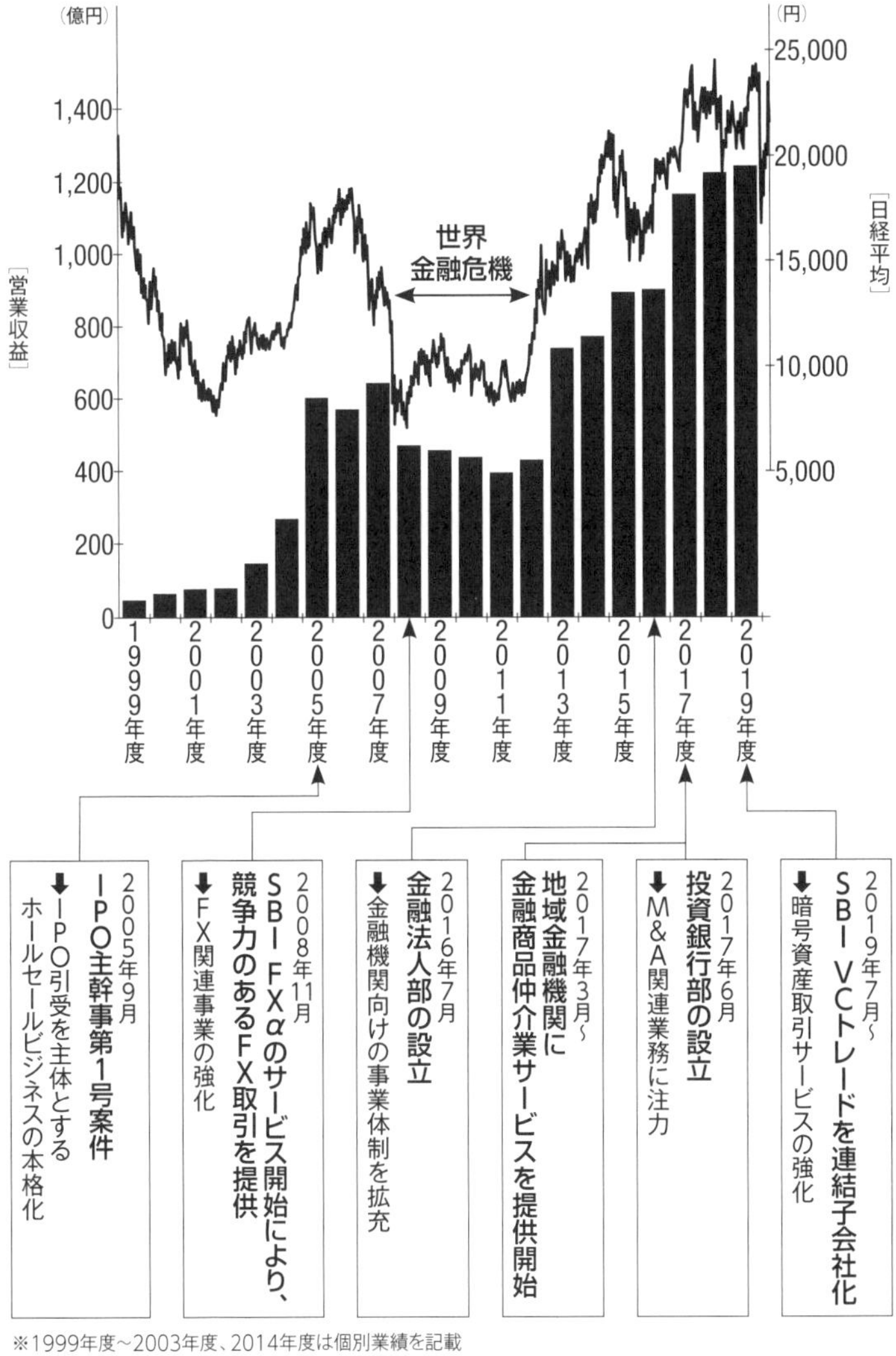

※1999年度～2003年度、2014年度は個別業績を記載

［図表1-5］ **国内主要証券会社における証券ビジネスの当期純利益（2020年3月期、日本会計基準）**

（単位：百万円、％）

1	野村證券（単体）	51,060	（+49.1）
2	SMBC日興証券（単体）	32,167	（+9.5）
3	SBI証券（連結）	27,976	（▲26.1）
4	みずほ証券（単体）	21,428	（+389.6）
5	三菱UFJ証券（単体）	13,158	（+14.0）
6	大和証券（単体）	11,646	（▲69.6）
7	GMOフィナンシャル・ホールディングス（連結）	7,800	（+19.0）
8	楽天証券（連結）	7,070	（▲41.4）
9	松井証券（連結）	6,136	（▲35.8）
10	岡三証券グループ（連結）	3,626	（+325.1）
11	マネックスグループ（IFRS;連結）	3,011	（+155.0）
12	東海東京フィナンシャル・ホールディングス（連結）	2,763	（+156.1）
13	auカブコム証券（連結）	1,528	（▲64.4）

※1　オンライン証券5社および純営業収益200億円以上を抽出
※2　カッコ内は対前期増減率
※3　証券ビジネスには、FX、暗号資産関連ビジネスが含まれる
（出所）各社ウェブサイトの公表資料より集計

1－4）。2020年3月期の当期純利益（国内部門）は証券業界において第3位にランクインしています（図表1－5）。

業務内容も創業時はオンラインのブローカレッジビジネスだけを手がけていましたが、IPOの主幹事、FXサービスと幅を広げ、2016年には金融法人部を設立、地域金融機関との強力な提携を進めさまざまなビジネスを拡大しています。

口座数も2020年2月に500万口座に達し野村證券を追い抜き、2020年11月末時点では600万口座を突

［図表1-6］**SBI証券および大手対面証券2社の口座数の推移**

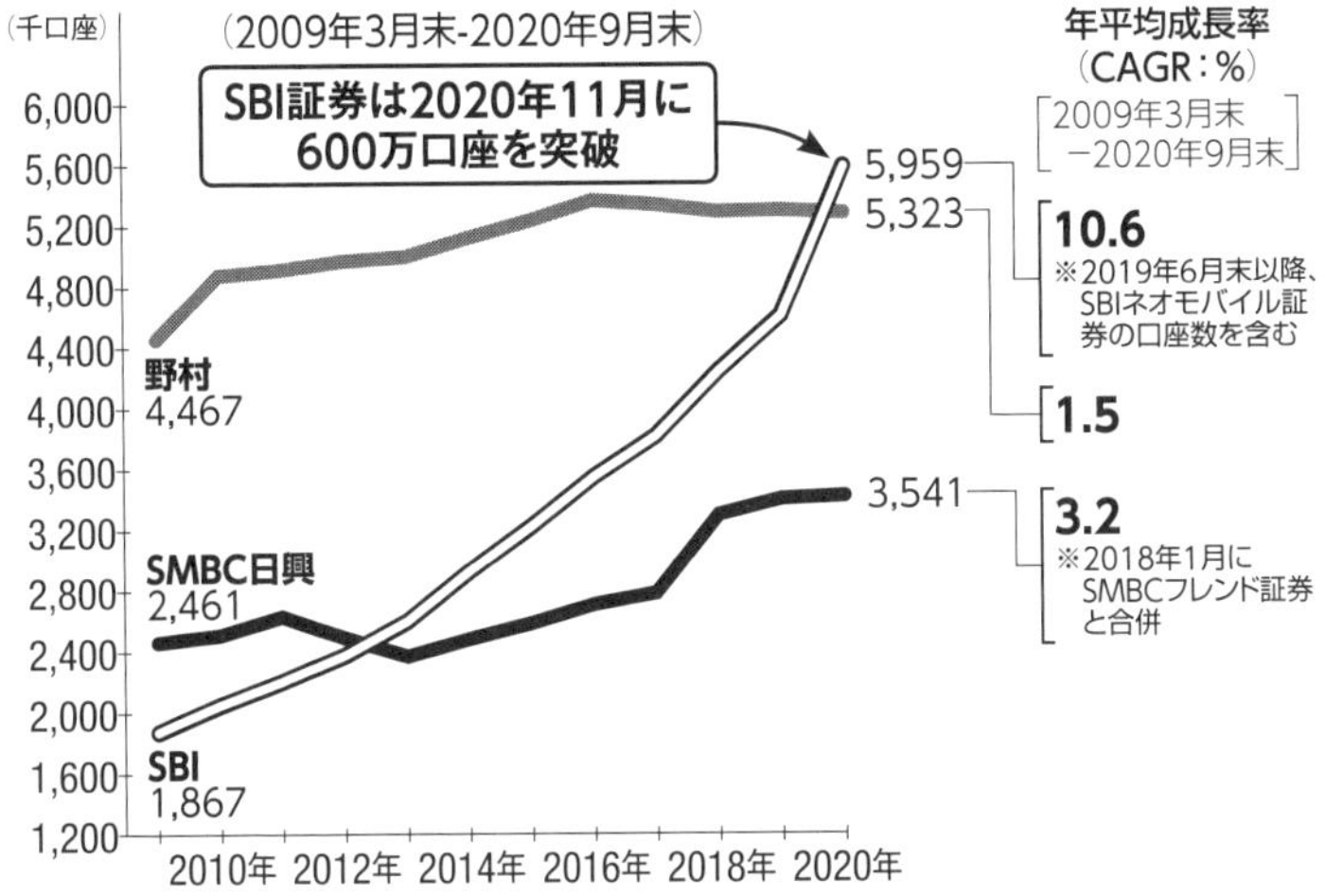

※大和証券の2017年3月末での口座数は3,886千口座であり、それ以降の口座数は非開示

破しています（図表1－6）。2009年3月から2020年9月までの口座数の年平均の増加率は野村證券が1・5％なのに対してSBI証券は10・6％と圧倒的に高く、その差はさらに拡大していくでしょう。実際、SBI証券はコロナ禍の渦中にあった2020年3月の新規口座開設数は、2019年11月と比較すると、4倍になりました。

金融庁によって提起された老後資金の「2000万円問題」は国民的な議論を巻き起こし、年齢を問わずすべての世代で自らがいつかは直面する問題であると認識されるようになりました。

その結果、若年層においても貯蓄から資産形成への流れが生み出されつつあります。そこに今回の新型コロナウイルス感染症拡大で将来への不安が高まり、NISAやiDeCoによる投資が活発化しています。

その中でSBI証券は投資初心者の新規顧客の獲得に成功し、NISAの口座数、iDeCoの累積数（加入数と指図者数の合計）でいずれも業界トップに立っています。NISA口座開設者のうち新規顧客は69・2％、そのうち投資未経験者は69・7％（2020年9月末時点）。つまり48％の人が投資のまったくの素人だったわけです。実際、SBI証券が創業した頃はデートレーダーや日計りで取引をする「投資のプロ」のようなお客様がほとんどでした。しかし、今ではそうした投資家の割合はごくわずかで、大半は投資の初心者です。個人投資家のすそ野を広げ、「貯蓄から資産形成へ」の流れを確たるものとしていくために、このことは非常に意味のあることだと思っています。

SBI証券における株式売買委託手数料の引き下げについてはすでにお話したとおりですが、これで打ち止めにするつもりはありません。最終的にはオンラインでの国内株式の売買委託手数料や、現在、お客様が負担している一部費用の無料化を図っていくつもりです。「顧客中心主義」「公益は私益に繋がる」のさらなる実践です。

そのためにはブローカレッジビジネスからの収入の割合を減らしていく必要があります。SBI証券の営業収益に占めるオンライン取引における国内株式の売買委託手数料の割合は2020年9月末時点で19%程度ですが、これをさらに5%にまで引き下げていく計画です。実現に向けては、手数料をゼロにしても儲かる体制をつくっていかなければなりません。手数料をゼロにして会社がつぶれてしまったら本末転倒です。SBI証券としては、トレーディング業務をさらに強化していくとともに、プライマリーやセカンダリーの株式・債券の引受業務、M&A（企業買収）のアドバイザリー業務をはじめとするホールセールビジネスの拡充などを通じて適正利潤を確保していくほか、オーガニックな収益増加だけでなく、M&Aを通じて不連続な成長、すなわちブローカレッジビジネス以外からの収益を一気に拡大することを具体的に検討しています。

〈住信SBIネット銀行〉

住信SBIネット銀行は住友信託銀行（現三井住友信託銀行）との合弁で2007年9月に

［図表1-7］**インターネット専業銀行各社の預金残高の推移**

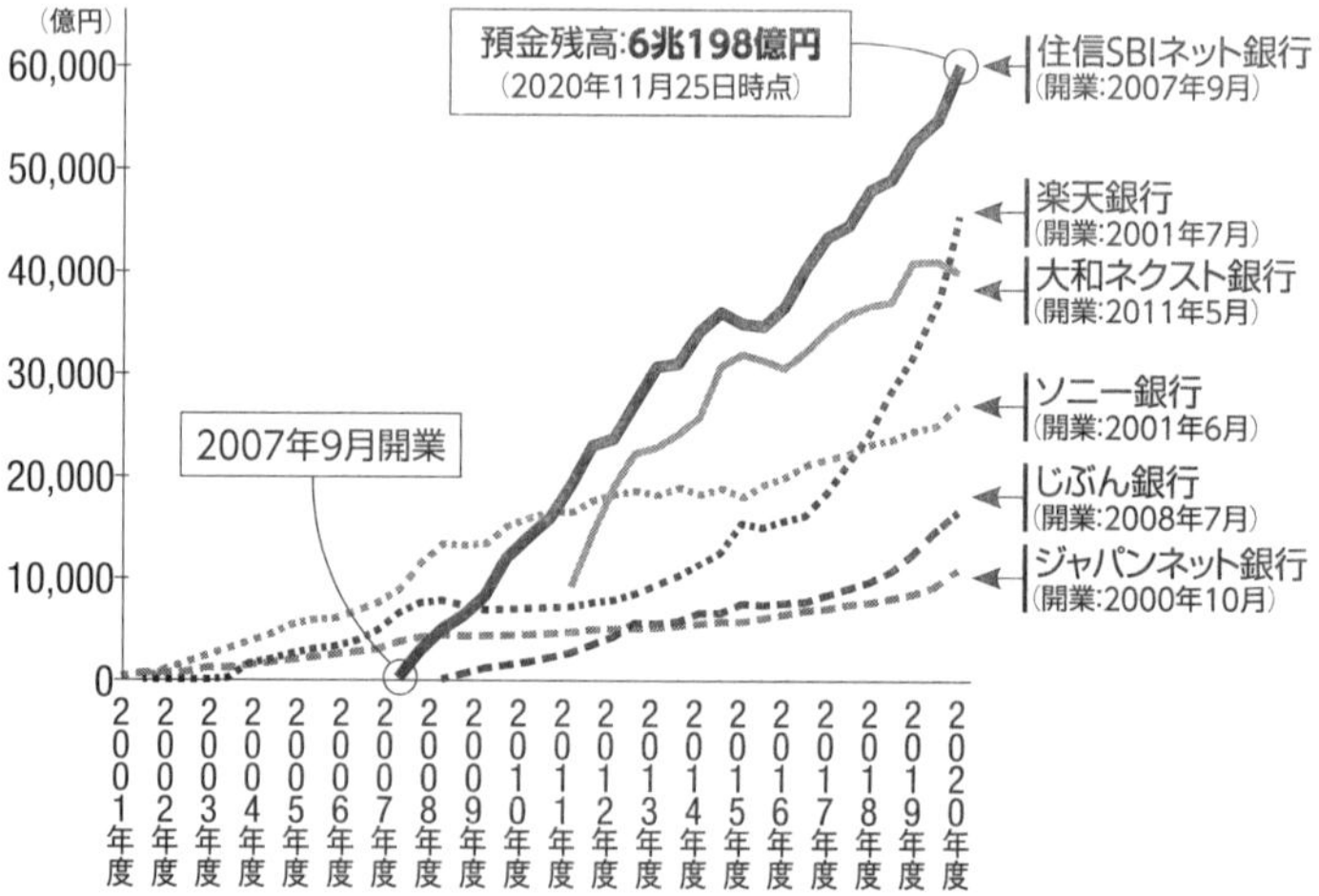

※1　各社公表資料より収集可能な開業直後における預金残高を起点とする推移。
※2　最新数値は、楽天銀行は2020年9月末時点、それ以外は2020年6月末時点のもの。

開業しました。開業直後にリーマン・ショックに見舞われ、業績への影響が心配されたのですが、2010年3月末には早くも預金残高が1兆円を超え口座数も2011年3月末には100万口座を突破しました。

2020年9月末時点の口座数は420万口座、預金残高は5兆7437億円（11月25日に6兆円突破）です。預金残高は、当社よりずっと前に設立されてブランド力のあるソニー銀行や、ポイントを活用している楽天銀行を大きく上回り、インターネット専業銀行の中ではトップです（図表1－7）。

2020年3月末の地方銀行・新規参入銀行76行の預金残高（単体ベース）を比較すると、トップは横浜銀行、2位が千葉銀行、3位が福岡銀行と歴史のある名だたる地方銀行が並ぶ中で、開業からわずか13年、ゼロからスタートし合併も経営統合もしていない住信SBIネット銀行が18位にランクインしています（図表1－8）。しかも住信SBIネット銀行の場合、年間の預金残高増加額が飛びぬけて大きいのが特徴です。ですから、この預金残高のランキングでは毎年さらに上位に入っていくはずです。

住信SBIネット銀行はAI審査モデルを導入するなど、新たな技術を積極的に取り入れて事業を拡大してきました。また、法人向けトランザクションレンディングの提供や国内銀行の中でいち早くAPIを開放しフィンテック企業との連携を進めるなど、最先端の技術を活用し、より便利で使いやすいサービスを提供してきています。今後もフィンテック分野で業界をリードする存在でありたいと考えています。

こうした住信SBIネット銀行の成長を支えたのは、インターネットを活用したネーションワイドの事業展開です。後ほどお話しますが、「ネーションワイド」という発想は地方創生、地域金融機関の成長にも応用ができるはずです。

［図表 1-8］**地方銀行・新規参入銀行・ネット専業銀行等の預金残高ランキング**（2020年3月末時点の単体実績）

（単位：億円）

順位	銀行名	預金残高	増減※1
1	横浜銀行	146,340	3,131
2	千葉銀行	127,889	4,555
3	福岡銀行	109,277	4,805
4	静岡銀行	100,552	1,774
5	常陽銀行	89,731	2,439
6	西日本シティ銀行	82,916	3,901
7	七十七銀行	75,865	1,459
8	広島銀行	75,416	2,786
9	京都銀行	71,235	314
10	群馬銀行	70,501	2,417
11	関西みらい銀行 ※2	70,291	▲3,725
12	八十二銀行	69,892	2,423
13	中国銀行	67,116	▲1,066
14	北陸銀行	66,492	1,288
15	新生銀行	59,951	3,588
16	足利銀行	58,135	1,043
17	十六銀行	56,257	1,215
18	住信SBIネット銀行	53,923	5,352
19	東邦銀行	53,236	1,276
20	伊予銀行	52,657	185
21	大垣共立銀行	51,469	1,095
22	南都銀行	50,422	1,247
23	池田泉州銀行	50,077	173
24	山口銀行	49,857	504
25	百五銀行	49,509	679
26	北海道銀行	49,230	1,323
27	滋賀銀行	48,911	364
28	第四銀行	48,360	1,513
29	肥後銀行	46,775	545
30	きらぼし銀行	46,496	1,105
31	武蔵野銀行	42,150	839
32	百十四銀行	40,717	1,115
33	鹿児島銀行	39,879	1,190
34	紀陽銀行	39,876	599
35	大和ネクスト銀行	39,623	3,834
36	山陰合同銀行	39,278	919
37	北國銀行	36,415	976
38	楽天銀行	35,756	7,673
39	あおぞら銀行	32,787	2,100
40	スルガ銀行	32,108	451

※1　2019年3月末時点の預金残高からの増減。
※2　2019年4月1日に近畿大阪銀行と関西アーバン銀行の合併により誕生。
（出所）各行発表資料より作成

〈SBIインシュアランスグループ〉

証券や銀行は、業容拡大の為に口座数やお客様からお預かりするお金をどんどん増やしていくというビジネスで、基本的にはその残高に応じて利益が出てきます。ところが保険ビジネスの場合、保険加入者が将来事故にあったり病気やお亡くなりになったりした時の保険金支払いに備えて、保険料収入の一部を積み立てておかねばなりません。それが会計上費用として扱われるので加入者が増えれば増えるほどわれわれの費用が増加していくという状況になり、一定規模に達するまで収支のコントロールが難しいビジネスモデルです。それで保険事業に参入したのは金融事業の中で証券・銀行に続く2008年となり、1月よりSBI損保が、4月にはSBIアクサ生命が営業開始しました。SBIアクサ生命は日本初のインターネット専業生保として生命保険業免許を取得しましたが、インターネットで生命保険を売るには時期尚早として、2010年には生保事業から一時撤退を決定し、全持株を設立パートナーであったアクサジャパンホールディングに譲渡しました。SBIグループとして生命保険分野に再参入したのは2015年で、インターネット生保としてやっていける体制を整え、英保険大手プルデンシャル傘下のピーシーエー生命保険を完全

［図表1-9］SBIインシュアランスグループ各社の保有契約合計数の推移

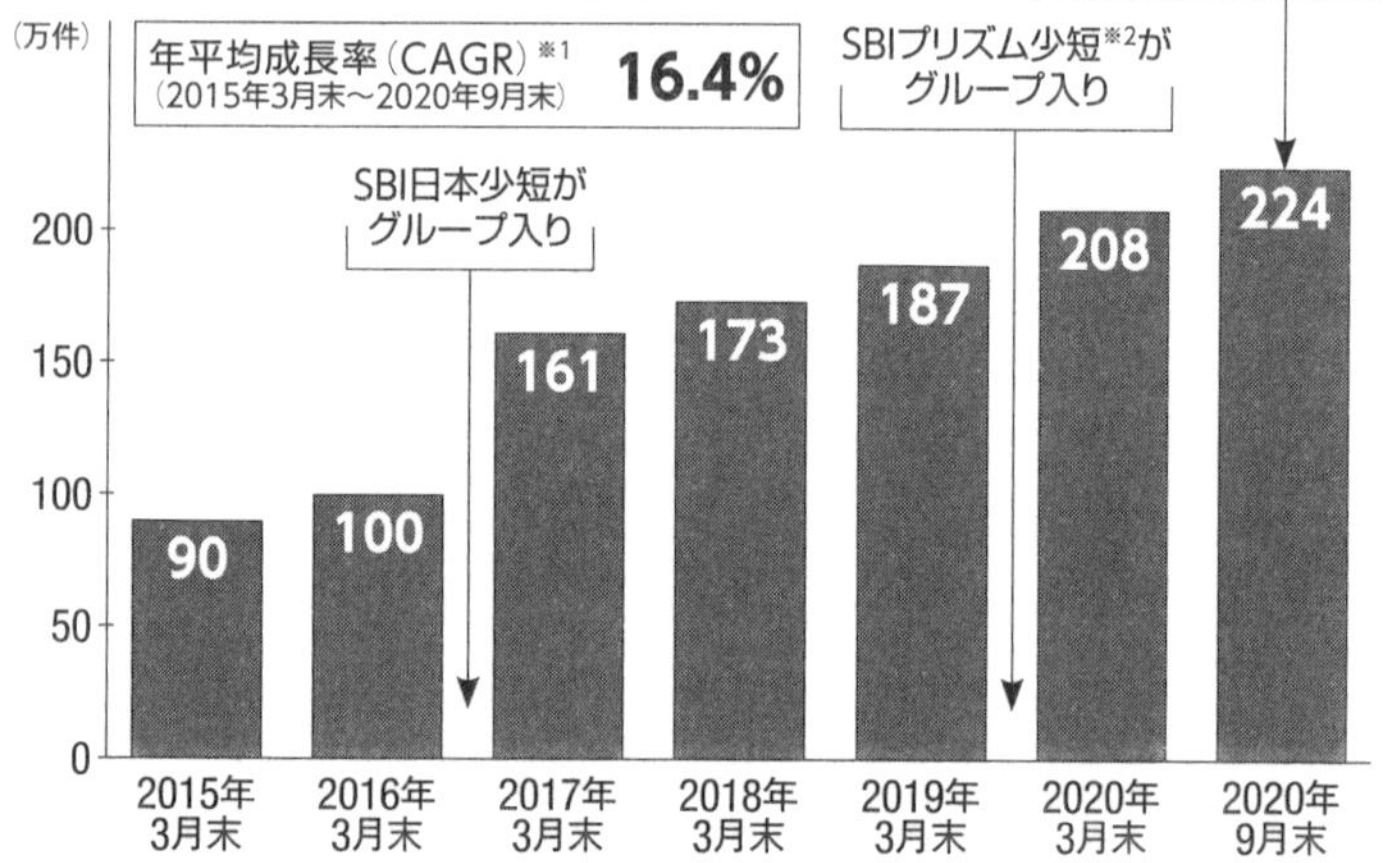

※1　2020年9月末にグループ入りした常口セーフティ少短の保有契約件数を含む。
※2　2020年7月「日本アニマル倶楽部」より商号変更。

買収して連結子会社化し、２０１６年２月より新規の保険引受を開始しました。

　証券における手数料の引き下げや銀行における高い預金金利の設定と同様に、保険分野においても保険料を安く設定することで、顧客中心主義の徹底を図ってきました。生命保険についてはスモールショップやコールセンターなどのリアルチャネルも整備し、それらを活用しながら事業を行うとともに、少額短期保険（少短）会社の積極的な買収を進めた結果、２０１５年３月末には90万件だったＳＢＩインシュアランスグループ各社の保有契約合計数は2020年9月末には224万件にまで増加し、大変な成長を遂げました（図表1－9）。

また、ここにきて新型コロナウイルス感染症が拡大し、保険の役割が改めて見直される中、非対面での保険商品販売ニーズが高まっています。たとえば、SBI生命の死亡保険の申込件数は2020年4月には対前年同月比で3・8倍にまでなりました。

いわゆる「ニューノーマル」の生活様式の中では「非対面」は一つのキーワードになるはずです。そうした中で保険をはじめ、お客様のニーズに応えていくためには、SBIグループのすべての金融事業のベースにあるオンラインでのサービスの提供と革新的なフィンテックのテクノロジーが大きな武器になっていくと思います。

オープン・アライアンスの積極推進

どんなに優秀な人であっても未来を予測することは難しいことです。しかし、努力をすれば自ら未来を創り出すことはできます。SBIグループはさまざまな知恵と工夫を積み重ねて、金融の分野で確実に未来を創り、企業価値の持続的な向上を具現化していくつもりです。

未来を創る当面の戦略は次の3つに集約できます。

1つ目は、地方の主たる経済主体との価値共創を通じ、地方創生に向け積極的に貢献していくこと。具体的な戦略については、章を改めて詳しくご説明します。

2つ目は、さまざまなグループ外企業とwin-winな関係を構築する「オープン・アライアンス」を積極的に推進することです。

「オープンイノベーション」という言葉は皆さんも聞きなじみがあると思いますが、「オープン・アライアンス」という言葉は私の造語です。さまざまな業種、業態の中で大きな顧客基盤を有する企業と提携して、win-winのシチュエーションを創り出していくという考え方です。

その一例が三井住友フィナンシャルグループ（SMBCグループ）との戦略的資本・業務提携です。具体的には、①三井住友銀行の相続関連サービスをSBI証券の顧客に対して紹介、②SBI証券が三井住友カードのクレジットカードポイントを活用した積立投信のサービスを提供、③資本・業務提携によりSBIネオモバイル証券を通じて圧倒的ナンバーワンのスマホ証券をつくっていく等々、顧客利便性を高めるさまざまなメニューを急ピッチで具現化しています。

百貨店の髙島屋とSBI証券との業務提携もオープン・アライアンスの一環です。日本橋店に資産運用相談窓口「タカシマヤ ファイナンシャル カウンター」が設置され、本カウンターで取り扱われる投資信託をSBI証券が提供します。髙島屋にとっては小売業以外の収益の多角化につながり、SBI証券もこれまで取り込めていなかったお客様と接点をつくることができます。

また、住信SBIネット銀行が進める「ネオバンク構想」もオープン・アライアンス戦略の具体的施策として位置付けています。「ネオバンク構想」とはパートナー企業のお客様がその企業のサービスを利用する際、そのサービスに付随する預金、融資、決済といった銀行機能を住信SBIネット銀行が黒子として提供するという構想です。住信SBIネット銀行からすると、銀行機能をアンバンドリング（分解）し、パートナー企業に提供し、自らは金融インフラ的な存在を目指していくという形になります。

ネオバンク構想の第1号案件は「JAL NEOBANK」です。JALマイレージバンクの会員（総数約３０００万人）の方は、専用口座を開設することで預金や他行振込、決済といったサービスを利用できますが、それらの銀行機能は住信ＳＢＩネット銀行が提供しています。

このほかにもヤマダホールディングスや光通信グループとの提携など、ネオバンク構想は着実に進展しています。

ＤＸの加速に対応するインフラ整備

未来を創る当面の戦略の３つ目は、アナログからデジタルへの移行というデジタルトランスフォーメーション（ＤＸ）が加速する中、新しい社会形態に必要な法・制度面も含めたインフラを整備するということです。

アナログからデジタルへという不可逆的な流れは、コロナ禍の影響もあり、さらに加速しています。そうした時代の変化に合わせた仕組みが必要だと痛感しています。前に述べた全銀システムやCAFIS、SWIFTなども今となれば利用料が高いだけのレガシーシステムと言わざるを得ません。

ＳＢＩグループは、ほとんどの人がアメリカのＲ３社やRipple社の価値を認めていない時に、やがて両社が提供しているビジネスがグローバルスタンダードになると考え、両社の外部筆頭株主となるとともにそれぞれと日本にジョイントベンチャーをつくりました。今やRippleは国際送金分野で揺るぎないほどのグローバルスタンダードですし、Ｒ３はブロックチェーンソリューション「Corda」を提供し、世界３００以上の有力金融機関が同社の進める各プロジェクトのメンバーになっています。また、われわれがRippleのＤＬＴ(分散型台帳技術)を活用して開発した個人間送金アプリ「Money Tap」を通じて、構築コストを抑制し利用者負担も軽減できる決済システムの普及に力を入れています。

暗号資産やＤＬＴ(分散型台帳技術)を活用したデジタル資産に関してもインフラ整備を進めます。国内においては、セキュリティトークン(ＳＴ)の健全な市場を育成するため自主規制団体「ＳＴＯ協会」を創設し、私が代表を務めることとしました。また、グローバルな展開に向けては、世界有数の取引所であるスイス証券取引所を運営するＳＩＸグループと合弁会社としてデジタル取引所をシンガポールに設立します。シンガポールはデジタル証券の規制緩和に積極的です。機関投資家の参入を後押しするべく、デジタル資産の発行・取引・保管に係る機能を提供していきます。

このように、SBIグループほどDXの進展を念頭に置き網羅的かつ戦略的に布石を打っているところは世界中にないと自負しています。

若者の感性をつかむ

DXが加速する中、これまで以上に若い世代の人たちからの学びを大事にしなければならないと思っています。

その実践例の一つが「eスポーツ」事業への参入です。eスポーツとは、ビデオゲームをスポーツ競技として捉えたものですが、過日テレビでこの競技に熱中している若者たちのことを知りました。

世界におけるeスポーツ視聴者人口は2019年末時点で約4億5000万人（注1）、

そのうちの約75%が35歳未満（注2）の若年層という統計データがあります。これはSBIグループが提供している各種の金融サービスのターゲット層との親和性が非常に高いと思われます。そこで2020年6月にSBI e-Sports社をつくりました。スポーツチームやeスポーツメディアの運営、関連するコンサルティング業務を展開していきます。

この会社は、まだ20代30代の若手社員たちのアイデアをベースにスタートしたばかりです。彼らから事業の説明を受けたのち私は、ものの5分もせず即断し、GOサインを出しました。「言い出しっぺの君が社長をやればいい。資本金は5000万円。すぐにとりかかれ」。それで終わりです。

少し話題はそれますが、やる気のある人、一所懸命頑張る人にとって、SBIグループほど恵まれた環境はないと思います。係長から順に課長、副部長、部長、役員と何日もかけて稟議を回して決裁のハンコを押してもらって……などということは一切ありません。稟議が回ってきたら即断即決。しかも、グループ創設時から電子稟議なので、決裁の順番は関係ありません。海外の企業は日本企業の稟議システムにあきれ果てています。また、「日本企業では、同じ案件のために、肩書の違う人が何度もやって来て同じような質問をして帰る。前向きに検討しますと言ってから何カ月かかるのか」と、本気なのかどうか戸惑っているようです。ＤＸ時代にはそうしたやり方では海外企業とのビジネスのスピードにはついていけません。話を戻すと、ｅスポーツへの参入は、何より、若者の心を的確に捉えて、それを経営に活かしていきたいと考えたからです。

私は間もなく70歳を迎えますが、今も猛烈に勉強していますし、若い人たちからも情報や発想を大量に仕入れています。『論語』にあるように「下問《かもん》を恥じず」です。ＳＢＩグループが今後も確実に時流に乗り、発展していくためには、次世代を担う若者の感性に敏感でなければならないからです。

（注1）Newzoo社「Global Esports Market Report 2019」より
（注2）GlobalWebIndex社「Esports TRENDS REPORT 2018」より

第2章

地域金融機関が直面する経営課題

地方経済を直撃する人口減少・高齢化

地方創生は今や国家目標でもあり、地方創生なくして日本の成長もありえないということは第1章でも述べたとおりです。しかし、地域経済において重要な役割を果たすべき地域金融機関の多くは、現在非常に厳しい局面に立たされています。金融庁が地域金融機関に対して繰り返し「持続可能なビジネスモデルの構築」を求めるのも、監督当局としての危機感のあらわれでしょう。

地域金融機関を取り巻く現在の経営環境を整理したものが図表2－1です。

時間軸を長期、中期、短期と分けて経営環境の変化を示していますが、まず長期的には高齢化の進展、人口減少社会の到来という、マクロ経済環境の変化があります。為替や株価の動きは長期的にはもちろん、短期的にも見通すことが難しいのですが、人口についてはは20年後、30年後の姿をほぼ確実に予測できます。当たり前のことですが、今から20年後に20歳を迎える若者の数は、今年生まれた子どもの数だからです。また、仮に今後、出生

［図表 2-1］ **地域金融機関を取り巻く現在の環境**

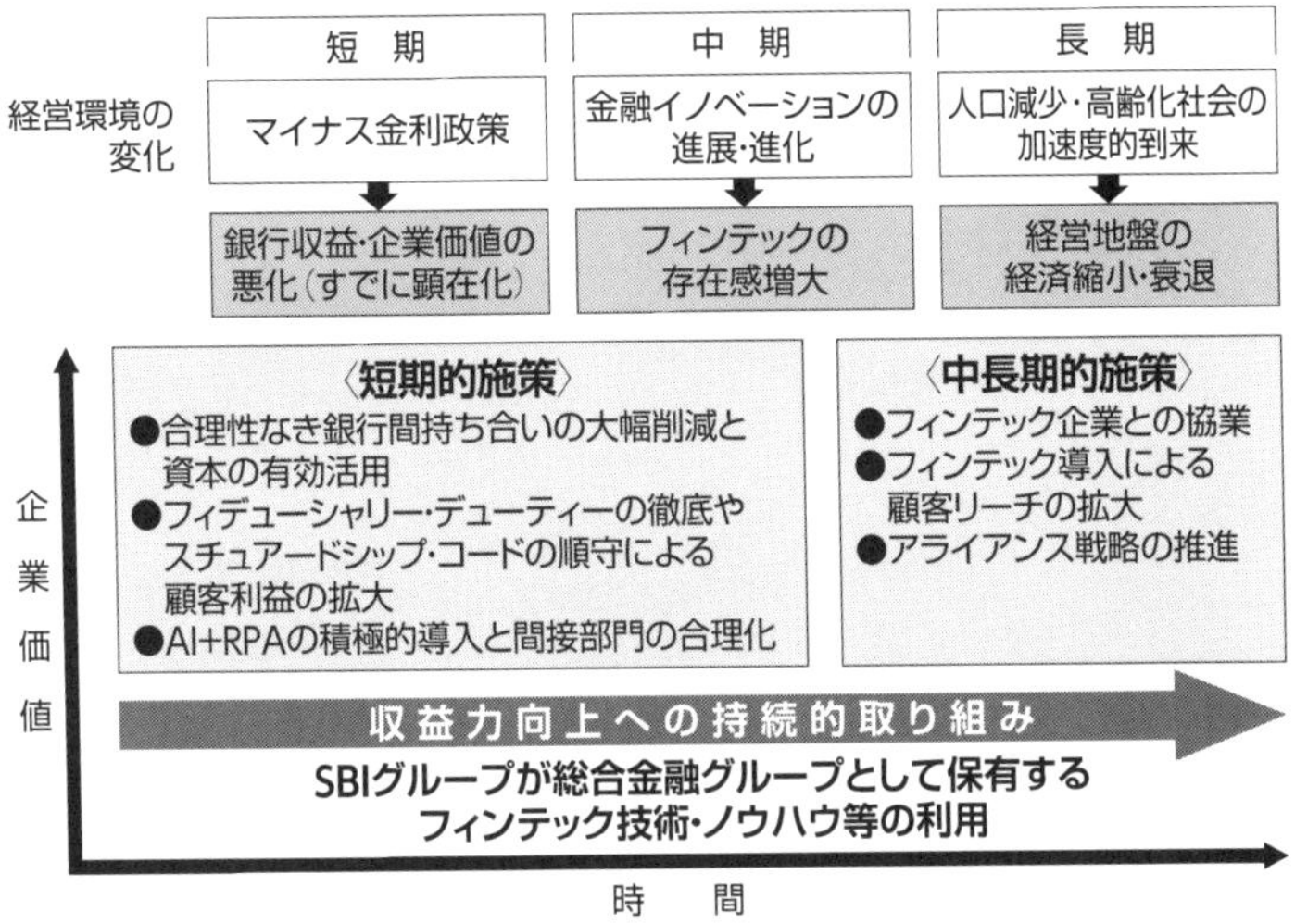

率が高まっても、生まれてきた子どもたちが労働力としてカウントされるようになるまでには十数年かかります。したがって、人口減少・高齢化社会の到来は避けようがない真実なのです（図表2－2）。しかもそのスピードは地方ほど加速度的に早まるはずです。その結果、地域金融機関が経営基盤としている地域経済は、現在でさえ疲弊しているのに、さらにシュリンク（縮小）していくと思われます。

中期的にはフィンテックの存在感が増すなど、金融イノベーションがさらに進展、進化していきます。まさにそ

［図表 2-2］**日本の人口動態**

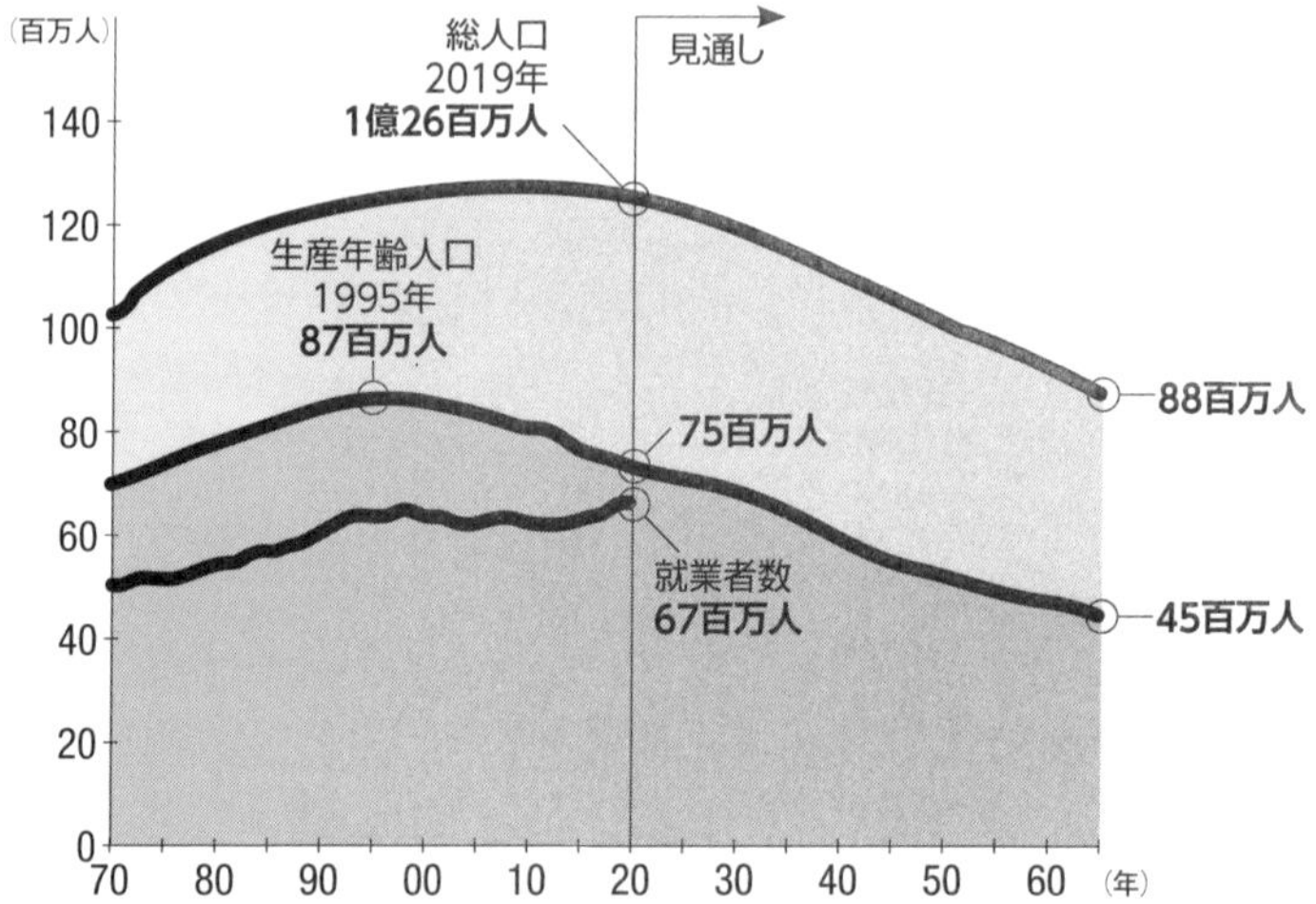

（出所）総務省、国立社会保障・人口問題研究所

の旗振り役が私どもＳＢＩグループと言えましょう。Googleで人工知能（ＡＩ）の開発に携わった発明家で思想家でもあるレイ・カーツワイル氏は「人間が生み出したテクノロジーの変化の速度は加速していて、その威力は、指数関数的な速度で拡大している」と唱えています。携帯電話（スマートフォン）さえあれば、財布もいらず、銀行取引はもちろん、買い物や交通機関での移動など日常生活のほとんどのことができるようになる時代が到来するとは、10年前には誰も描いていなかったはずです。

本業赤字の常態化、見通せない収益回復

短期的には企業の資金需要の低迷を受けて預貸率が趨勢的に低下し続けていること、さらにそこに日銀による「異次元金融緩和」、マイナス金利政策の影響が加わり、収益が大きく落ち込んでしまっているという事実があります。日本の経済成長率は4－5％というレベルにはおそらく戻らないでしょう。また、国内の部門別貯蓄投資バランスを見ると、企業セクターはバブル崩壊後の1990年代以降、資金不足から資金余剰へと転じています（図表2－3）。今後も企業セクターでかつてのように資金需要が旺盛となり金融機関の貸出が増加していくとは思えません。

また、日銀の異次元金融緩和政策も、目標とする2％の物価上昇率が逃げ水のように遠ざかる中では出口は見通せません。マイナス金利政策はまだ当分の間は維持されるでしょう。

第1章でも記しましたが、銀行業は銀行法を中心に厳格な規制・監督のもとで設計され

［図表2-3］**日本の経済主体別の貯蓄投資バランス**

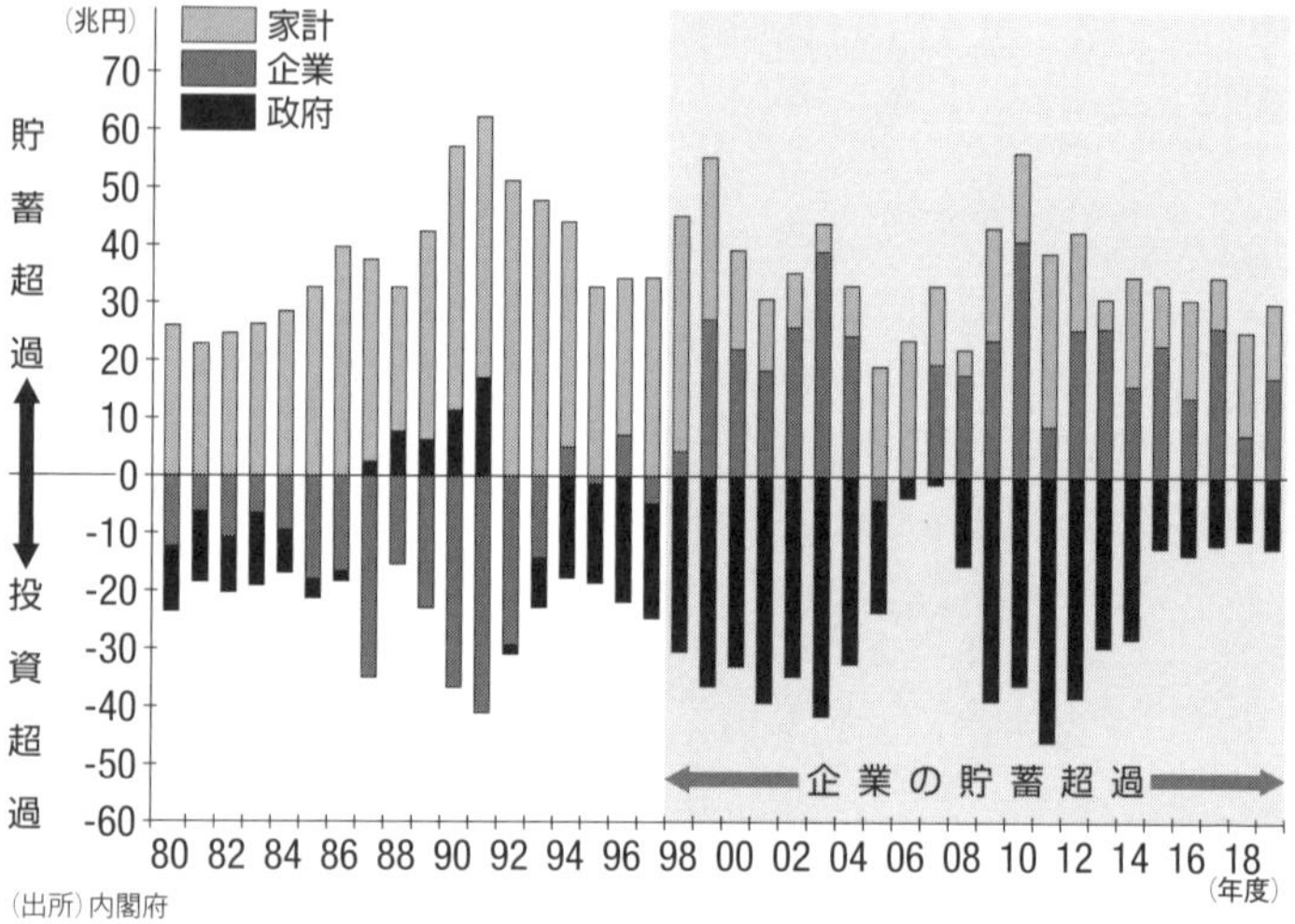

（出所）内閣府

ており、適切なリスク管理を行いながら預金を原資に貸出をすれば、預金と貸出の利ざやで収益が上がる仕組みになっています。銀行がストックビジネスであると言われてきたのはこのためです。しかしこのことは逆に言えば金利があってこその銀行経営とも言えます。肝心の金利がマイナスでは貸出という本業からの収益がじり貧になるのは当然です（図表2－4）。

実際、金融庁の試算によれば、コロナ禍前の2019年3月期決算において地方銀行105行のうち約4割の銀行が、貸出と手数料収入で得た本業の

［図表 2-4］**金融機関の貸出利ざや・預貸金残高の推移**

■貸出利ざや

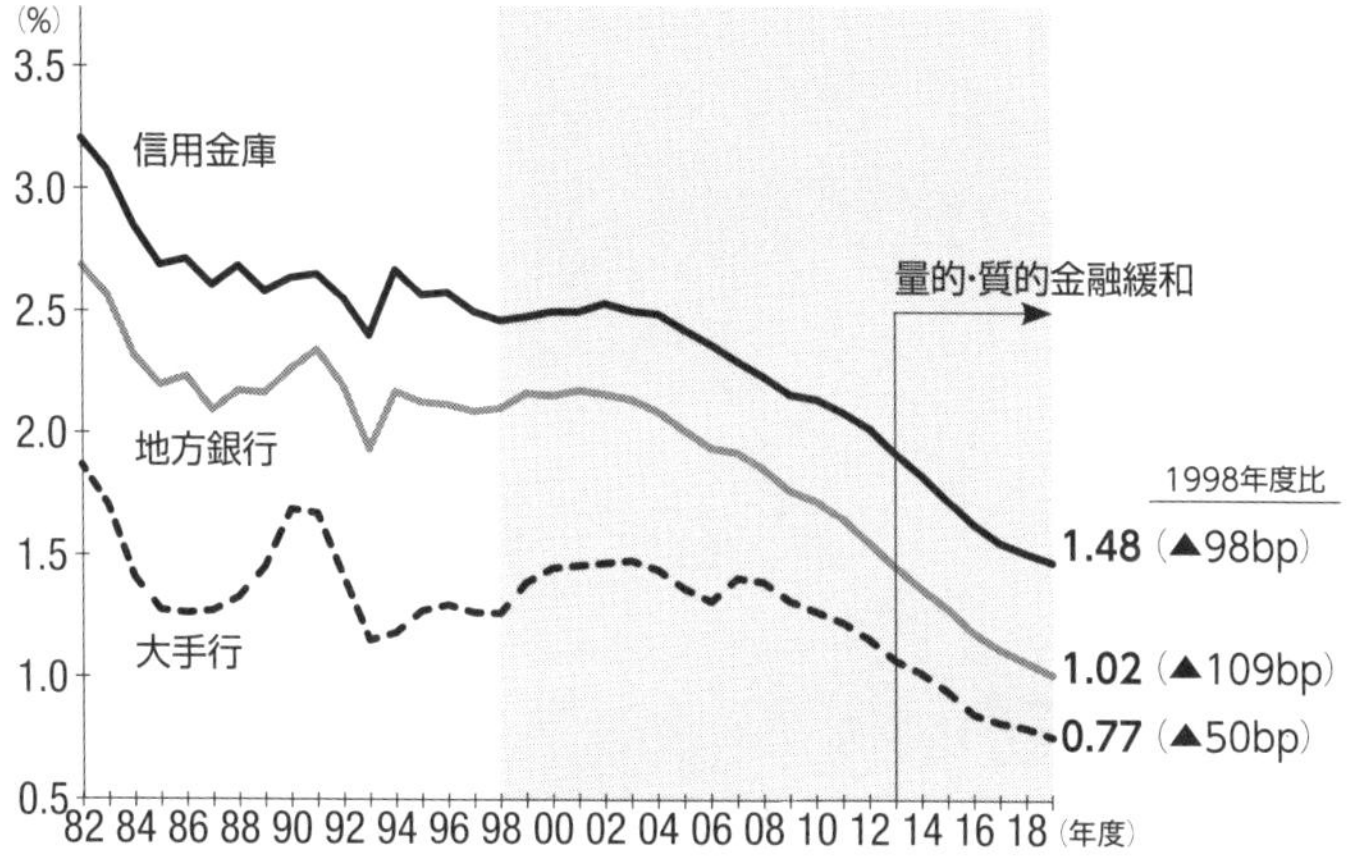

■国内預金・貸出残高

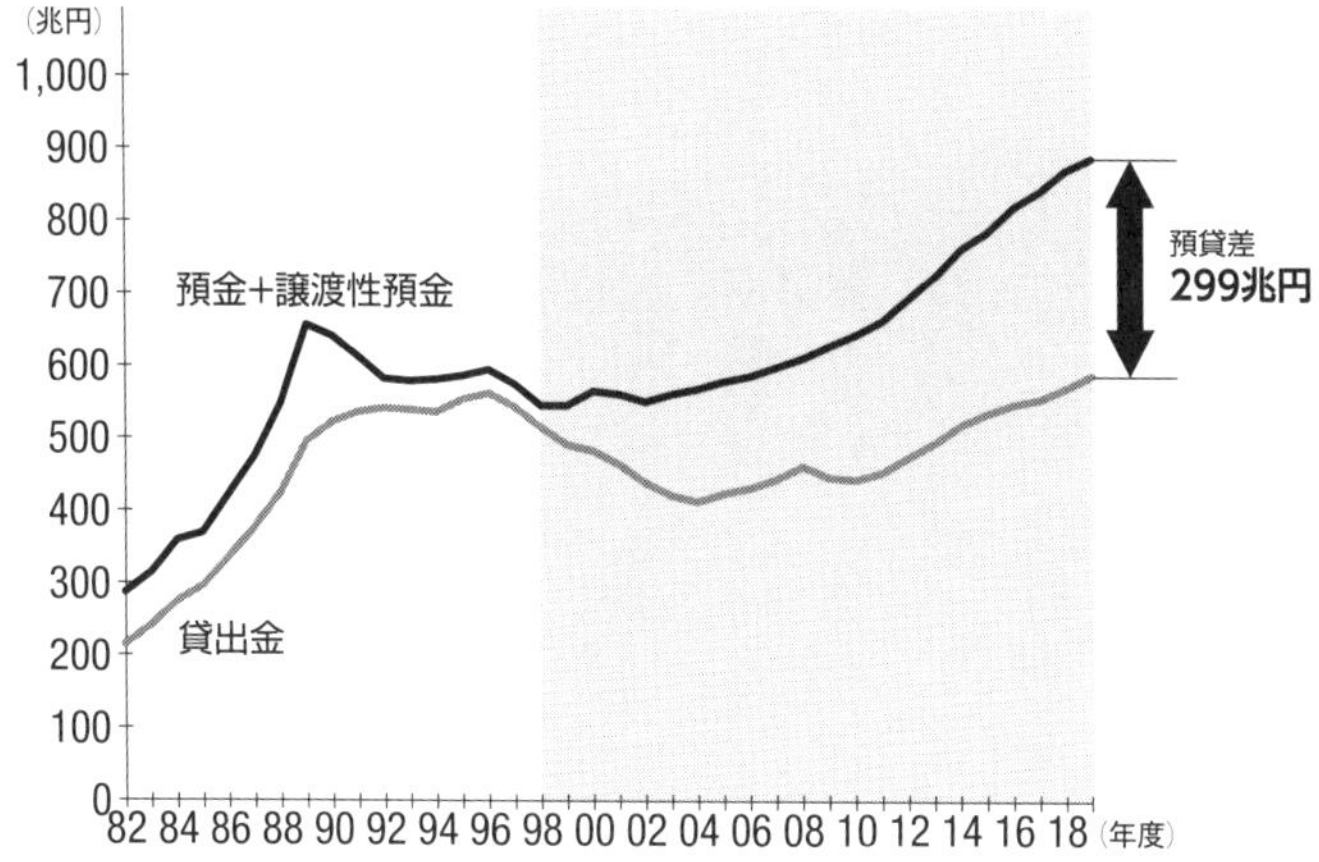

（出所）日本銀行

［図表2-5］**赤字の国内基準行の割合**（当期純利益ベース）

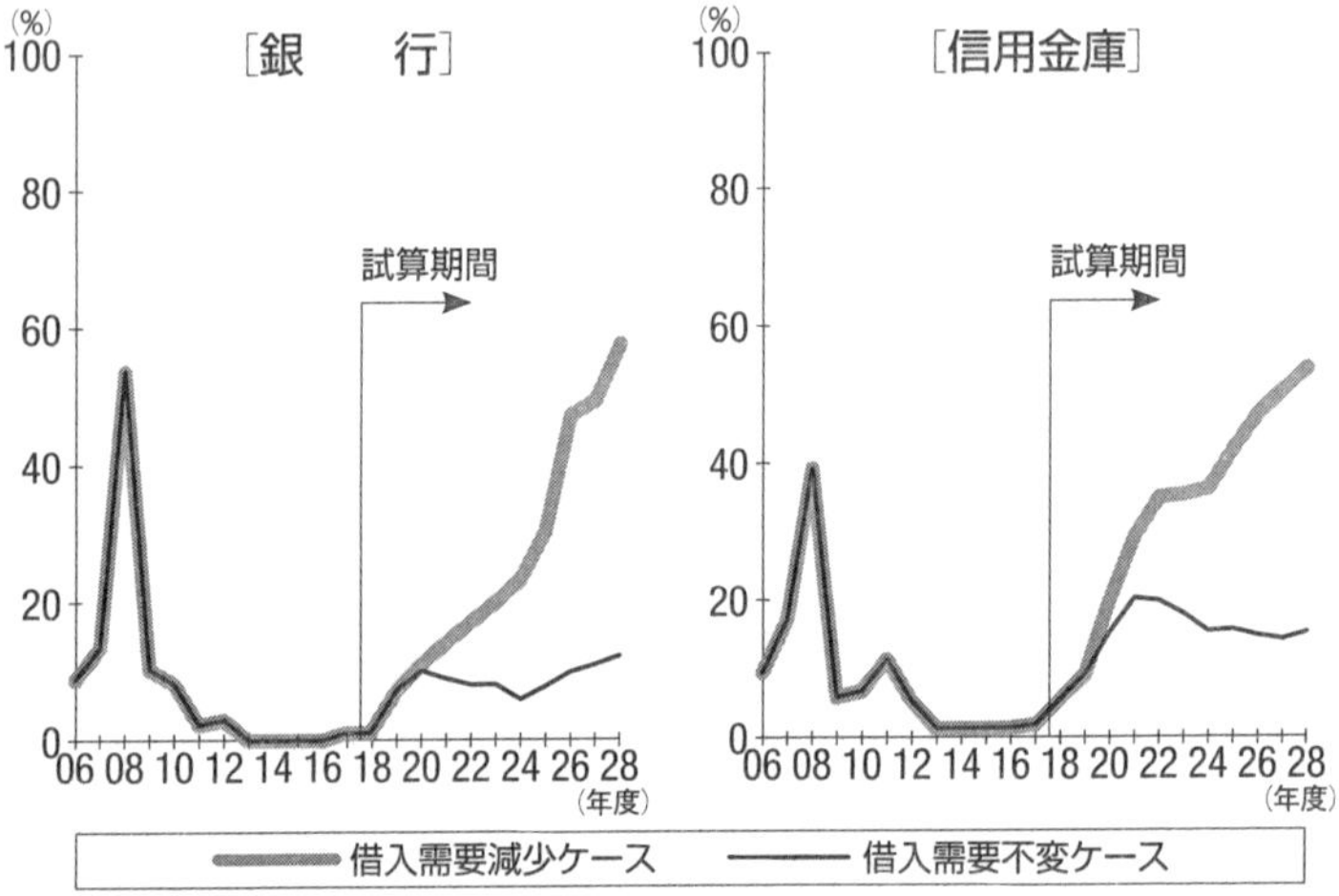

（出所）日本銀行「金融システムレポート」2019年4月

利益が赤字でした。そのうち5期以上連続で赤字の銀行は前年度より4行多い27行で、全体の約3割に上っています。日銀も約6割の地方銀行が2028年度に最終赤字になるとの試算を示しています（図表2－5）。

こうした収益状況を背景に、地域金融機関の企業価値は大きく低下し株式市場での評価も厳しいものとなっています。株価純資産倍率（PBR）を低い順に並べてみると地銀株が独占し、0・1～0・2倍台という超低水準の銀行もあります。

ご存じのように、PBRは株価が1

株当たり純資産の何倍まで買われているかを示す投資指標です。1・0倍が貸借対照表を基にした理論的な解散価値と言われ、通常はPBR1・0倍が株価の一応の下値のめどとされてきました。つまり、地銀の株価は、市場が解散価値もないと見なすほど、超低水準に張り付いているわけです。

地域金融機関は金融仲介機能を通じ特色ある地元企業を育て、地域経済を支えてきました。しかし、以上のような経営環境の激変で特に本業である預貸業務での赤字を常態化させつつあります。さらにコロナ禍で地元企業への融資が不良債権化するのではないかという懸念もあります。低迷する地域経済の活性化を促すには地域金融機関自らも収益力を上げていかなければいけません。

市場運用の高度化の遅れ

地域金融機関が直面する具体的な課題としては大きく以下のような点が考えられます。

まず市場運用の高度化の遅れです。

前述のとおり、貸出業務からの収益が減少の一途をたどる中、地域金融機関にとって市場運用は本業の稼ぎをカバーする「余資運用」ではなく、「本業」になっています。趨勢的に預貸率が低下している一方で、運用額は莫大な金額となり、今後も増え続けると思われます。市場運用での収益確保が地域金融機関の屋台骨を支えていると言っても過言ではありません。

しかし、2020年3月期の上場地銀、第二地銀100行の有価証券運用の総合損益は、5244億円のマイナスです。個別に見てもプラスとなったのは14行の地方銀行だけで、残りの86行はマイナスでした(注1)。メガバンク3行の総合損益がいずれもプラスだったことと比べると対照的な成績です。

地域金融機関の市場運用における問題としては、まず、ポートフォリオが国債・地方債や社債など利息収入(インカム収入)が見込めるものへの投資に偏ってしまっていることが挙げられます(図表2－6)。日銀によるマイナス金利政策の導入以降、地域金融機関のインカム収入重視の運用手法はすでに行き詰まっている上、保有している国債・地方債の約

［図表 2-6］**地方銀行の有価証券保有状況**（2020年3月末）

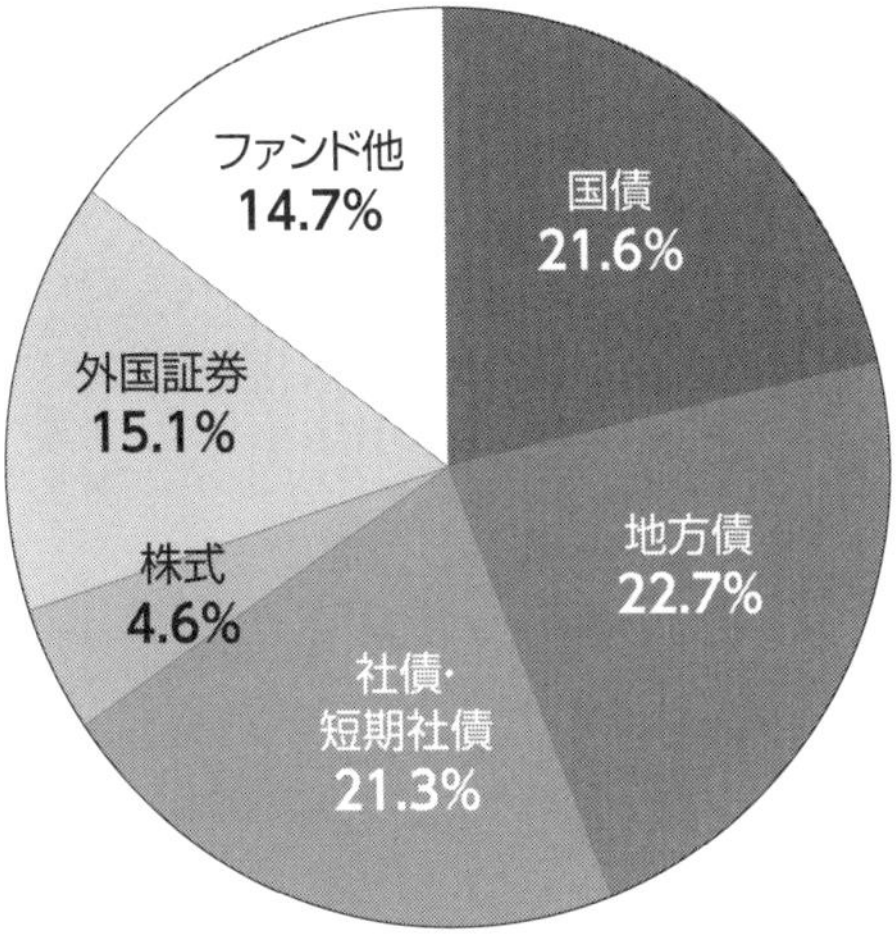

（出所）日本銀行「民間金融機関の資産負債統計」

4割（それらは比較的金利の高い債券です）が今後3年以内には償還を迎えます。今の金利水準で新規の円債を購入してもコア業務純益への貢献はほとんど期待できません。パフォーマンスが悪く損を出し、ポートフォリオを入れ替えたいところですが、それをすれば業績が赤字になりかねない状況です。こうした状況をカバーするためにナンピン買いをして、ポートフォリオのパフォーマンスが一層悪くなるといった悪循環に陥ってしまっているように見えます。

また、市場運用を高度化・多様化さ

せようとしても、運用のプロフェッショナルが決定的に不足しています。メガバンクの市場運用部門は数百人規模で、経験豊富なエキスパートが担当役員や部門長となっています。これに対して、地域金融機関の市場部門の人数はメガバンクの数十分の1といったところも少なくありません。メガバンクと同じ体制を整備する必要はありませんが、少なくとも専門的な人材の育成、外部機関との連携は急務です。

（注1）『週刊金融財政事情』2020年6月8日号　和キャピタル　専務　伊藤彰一「コロナ本格化前ですら赤字や評価損が増加した地銀決算」

システムコスト負担の増大

課題の2つ目は、システムの開発と維持にかかるコストが増大し続けているということです。

金融機関の勘定系のシステムは10年に1度といった頻度で定期的に更改しなければなりませんが、その際には膨大なコストがかかります。「もう保守はできません」とベンダーから〝脅迫〟されて、多額のお金をベンダーに支払って半ば強制的に更改させられています。

身近なほかの例で言えば、ATMの開発・改修費用があります。ATMではその銀行の通帳しか使えないという不便さに加えて、2024年に予定されている新札への切り替えの際には銀行ごと（メーカーごと）にシステム対応をしていかなければなりません。そのコスト負担はバカになりません。

さらに、日銀による超低金利政策の継続など外部経営環境の激変に伴い、コロナ禍以前から預貸業務を中心とする地域金融機関のビジネスモデルが見直しを迫られていたことはすでにご説明しましたが、コロナ禍によって、社会生活のオンライン化・リモート化といったDX（デジタルトランスフォーメーション）が予想以上の速さで進んだことから、地域金融機関においても金融取引のモバイル化とキャッシュレス化、非対面化への取り組みを急ぐ必要に迫られており、アンチ・マネー・ロンダリングやサイバー攻撃への対応なども含め、システム開発コストは右肩上がりで膨らんでいくと思われます。

収益環境が厳しい中で、こうしたシステムコスト負担は地域金融機関の経営にとって大きな重荷になっています。

深刻さを増す事業承継問題

課題の3つ目は、中小企業の事業承継問題への対応です。わが国では企業数の約99%、雇用者数の約70%が中小企業です。しかし、その経営者は急速に高齢化が進んでいます（図表2−7）。中小企業庁によれば、2025年に経営者のリタイア適齢期である70歳（平均引退年齢）を迎える中小企業経営者は245万人、その5割の127万人が後継者未定であり、仮にそれらの企業が廃業に追い込まれると約22兆円のGDPが失われるとされています（注2）。

2018年度の税制改正で事業承継の際の贈与税・相続税の納税を猶予する「法人向け事業承継税制」が拡充されましたが、その結果、それまでは年間400件程度の申請だったものが、年間6000件に迫る勢いで爆発的に伸びています。いかに事業承継問題で悩

［図表 2-7］**年代別に見た中小企業の経営者年齢の分布**

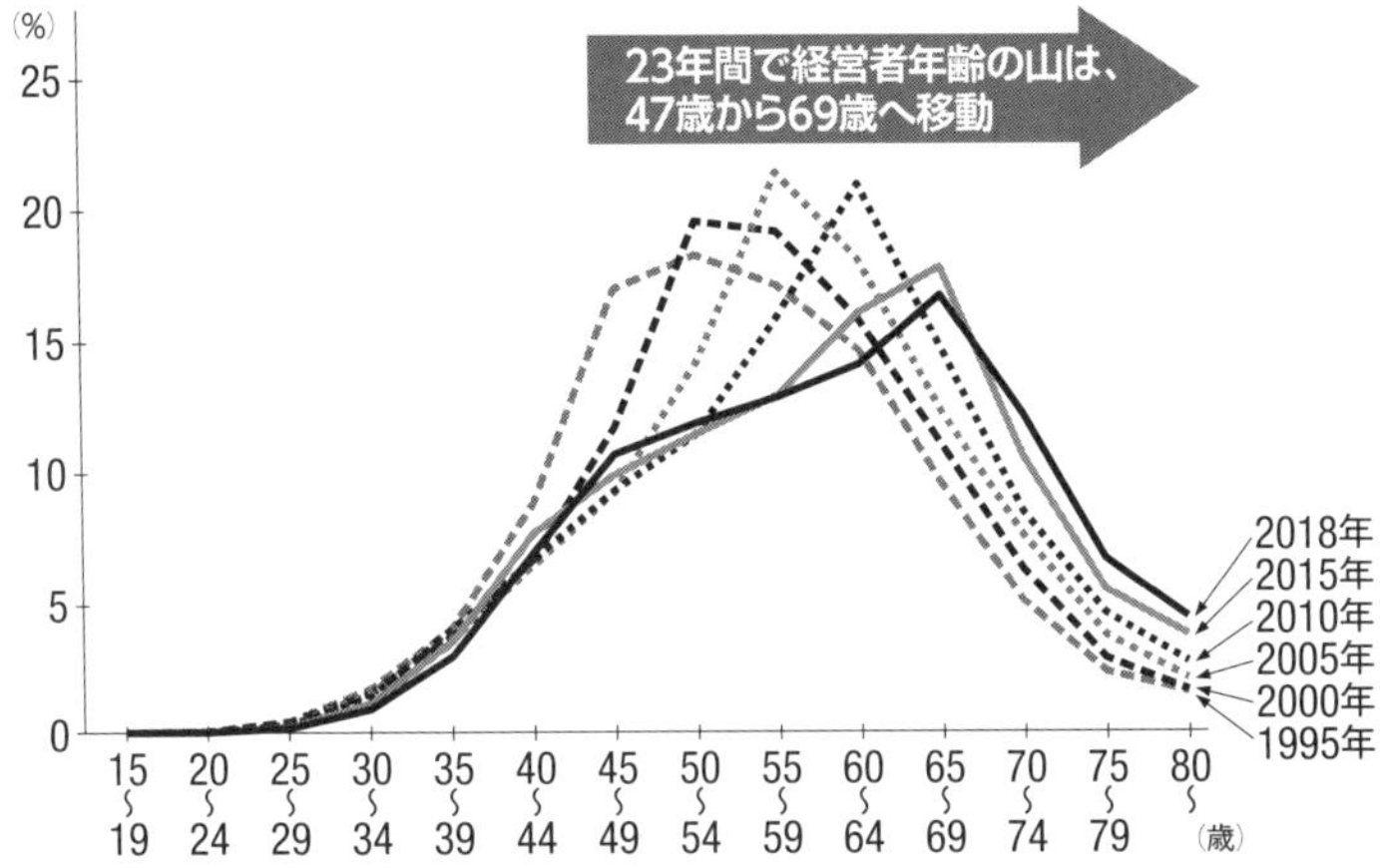

（注）株式会社帝国データバンク「COSMOS（企業概要ファイル）」を再編加工。年齢区分が5歳刻みであるため、山が動いているように見えないが、2015年から2018年にかけて、経営者年齢のピークは3歳高齢化している。
（出所）『KINZAI Financial Plan』2020年3月号「事業承継の勘所」（石井力）

む中小企業事業者が多いかがうかがえる数字です。

もしある企業が廃業してしまえば、その影響はその企業だけにはとどまりません。当該企業の従業員やその家族の生活はもちろん、取引をしている企業にもさまざまな影響が及びます。

地域金融機関は地元の中小企業の成長を通して地域経済を支えていくという重要な役割を担っています。取引先企業の廃業は顧客基盤を失うことを意味します。同時にそれは地域経済にとって大きなダメージとなります。事業承継問題への対応の如何によっては、自らの経営問題に直結することにもなるのです。

（注2）２０１９年2月　中小企業庁「事業承継・創業政策について」

遅れる業務効率化、デジタル技術導入

４つ目の課題としては、業務効率化とフィンテックの技術導入が遅れていることが挙げられます。

地域金融機関の現場ではかつて、預金・貸出、振込などの決済とそれに伴う事務処理が主な業務でした。しかし、今や投資信託や保険商品の販売、資産運用相談、取引先企業の事業支援やコンサルティングなど、その範囲は大きく広がっています。また、個人情報保護体制の整備、ＫＹＣ(Know Your Customer)やアンチ・マネー・ロンダリングへの対応、お客様への説明義務の徹底、面談管理記録の整備など、コンプライアンスやフィデューシャ

リー・デューティー推進の面でも事務作業は増加する一方です。

しかし、残念ながら、そうした業務を何十年も前に決めた画一的なやり方で行っているのが実状です。ペーパーレスを進める仕組みを作るために、「紙（ペーパー）」の稟議書を回し、決裁のハンコをもらったり、コロナ禍でテレワーク環境を整備するための稟議にハンコを押さなければならないので出社したりするといったことも耳にしますが、われわれからすると、「いまだにそんなやり方をしているのか」と驚くことも少なくありません。

営業店の内部管理の手法もアナログです。担当者ごとの案件管理や部課単位での計数管理などは表計算ソフト等に手入力し、管理している地域金融機関が多いのではないでしょうか。紙文化、ハンコ主義、手入力、ダブルチェック……、そこには技術革新がほとんど見られません。こうした非効率性は、今後、経営の致命的欠点になりかねません。

業務の非効率性の問題とともに、フィンテックをはじめとする新しいデジタル技術、システムの導入も遅れています。ＡＩやＲＰＡ（Robotic Process Automation）を本格的に導入した地域金融機関は数えるほどしかありません。

情報の活用面でも非常に遅れています。地域金融機関を含めた金融機関は「情報を収集・

蓄積している主体としては、GAFAをはじめとするプラットフォーマーと比較しても勝るとも劣らない巨大な組織体」（金融庁金融研究センター）との指摘もあります（注3）。しかし、多くの地域金融機関では、せっかくのビッグデータという「宝の山」を内部管理を含む業務効率化や新しい顧客サービスの提供、業務推進に活かしきれていません。

たとえば、蓄積されている情報を活かしてAIによる審査を行えば一定程度の自動審査が可能となり、従来、十分にアプローチできなかった小規模事業者・個人に対してもAI分析結果に基づく金利での融資ができるようになります。また、RPAの導入により事務量が減少すれば、収益部門への行員の再配置が可能となります。

こうした取り組みは収益力の強化に直結します。図表2－8は金融庁金融研究センターによる今後の地域銀行のコア業務純益の推計ですが、次世代テクノロジーを早く導入すればするほど、収益への貢献が大きいことがわかります。

（注3） 金融庁金融研究センター　ディスカッションペーパー 2019年10月
「次世代テクノロジーを活用した地域銀行の新たなビジネスモデルの検討」

［図表 2-8］**次世代テクノロジー導入によるコア業務純益の改善効果**

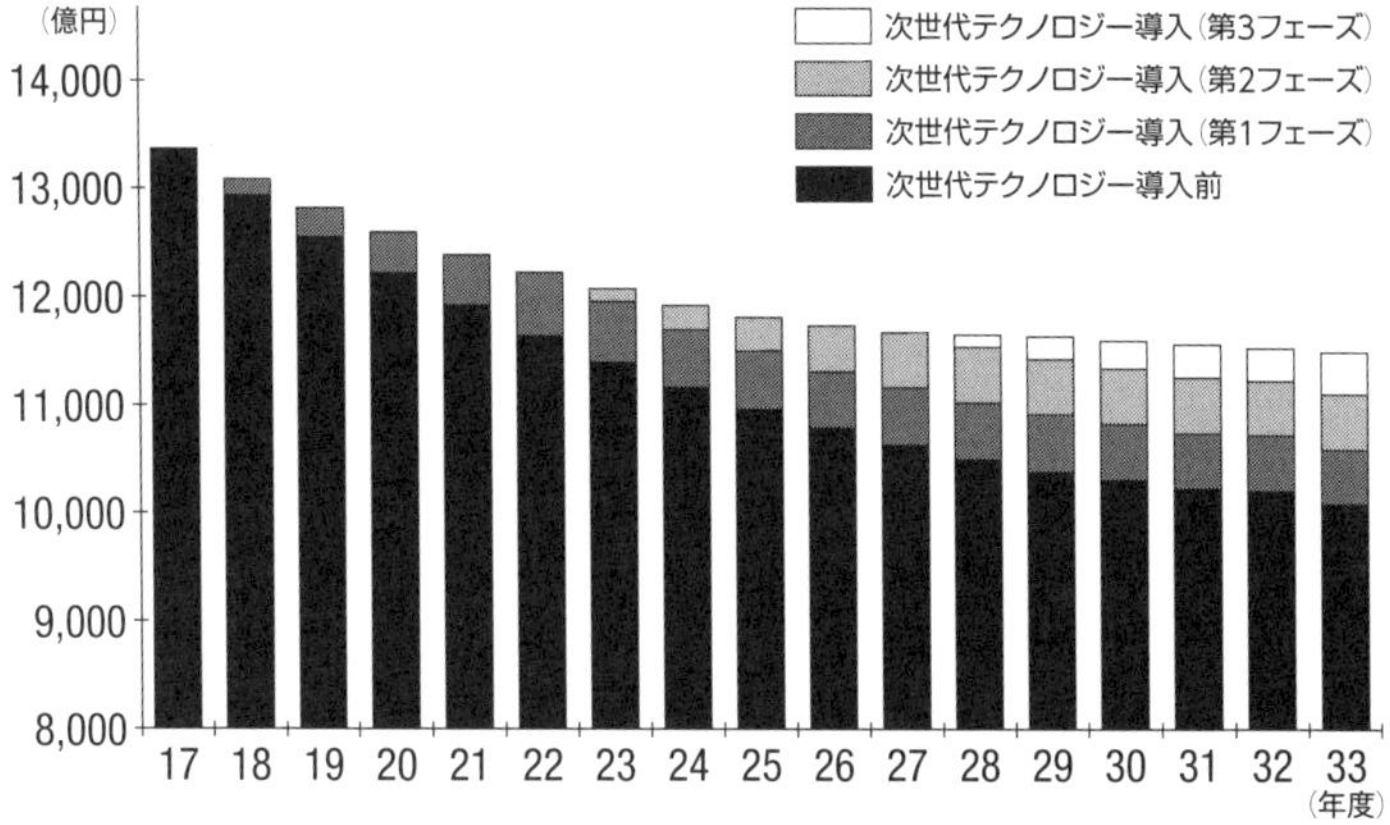

（注）コア業務純益推計値をもとに、収益およびコストへのフェーズ別影響を各地域銀行の収益（業務粗利益）・コスト（経費）の将来推計値に適用の上算出。なお、2025年、2030年については多項式補間による推計値。
（出所）金融庁金融研究センター

第3章

地域金融機関との連携の拡大

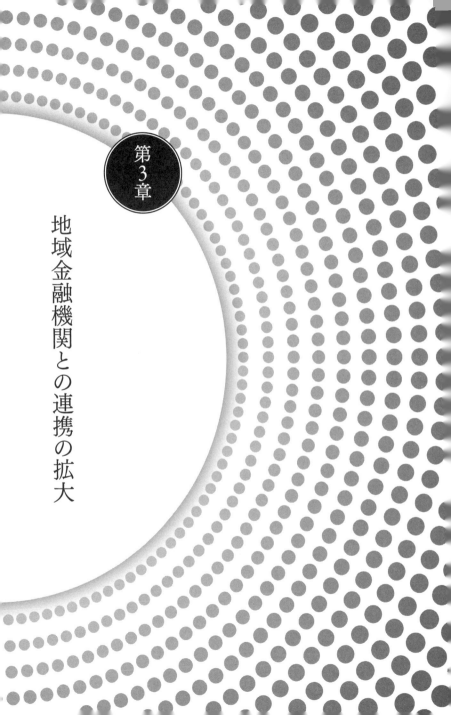

金融商品仲介業サービスでの提携

地域金融機関の経営環境が厳しさを増す中、SBIグループはこれまで3年以上にわたり、グループ各社の経営資源を活用することで地域金融機関が直面する経営課題の解決、より具体的に言えば、地域金融機関の収益力拡大に貢献できないかと考え、さまざまな連携を行ってきました。（図表3－1）。

SBI証券では累計42社の地域金融機関等と**金融商品仲介業**で提携しています。提携先の地域金融機関（金融商品仲介業者）のお客様は、その地域金融機関のホームページを経由して「SBI証券の証券口座開設申込み」、「SBI証券の取り扱う各種金融商品の購入」を行うことができます。地域金融機関はあまりシステムコストをかけずにネットチャネルを構築でき、お客様もそれまで地域金融機関では取り扱っていなかった多様な金融商品を、業界で最も低い手数料水準で、タイムリーに購入できるようになりました。

図表3－2は金融商品仲介業サービスを通じたSBI証券の口座数と預かり資産残高の

［図表 3-1］**SBIグループ各社がこれまで進めてきた地域金融機関との提携**

SBIグループ会社	提携内容
SBI GROUP SBI証券	累計**42社**の地域金融機関等と金融商品仲介業において提携を発表
SBI マネープラザ	共同店舗運営を地方銀行**12行16店舗**で実施し、SBIマネープラザが取り扱う証券関連商品などをワンストップで提供
SBI 生命	地域金融機関等**26機関**でSBI生命の団体信用生命保険の販売が開始・決定済み
SBI GROUP SBI損保	金融法人**21機関**がSBI損保の保険商品の採用を決定し、随時取り扱いを開始
SBI NEO FINANCIAL SERVICES	SBIネオファイナンシャルサービシーズが提供するホワイトラベル形式のバンキングアプリを**9行**が導入、さらに**2行**が内定済み
SBI Business Solutions	地域金融機関等**38機関**の取引先企業に対するSBIビジネス・ソリューションズのバックオフィスクラウドサービス「承認Time」、「経費Bank」および「勤怠Reco」の紹介並びに「助成金補助金 診断ナビ」、「デジタル法令&文例」の導入が決定
MORNINGSTAR	モーニングスターが提供するタブレットアプリ「Wealth Advisors」を**142社**の地域金融機関が導入
Money Tap	個人間送金サービス「Money Tap」を提供するマネータップ社には地域金融機関を含む**計38機関**が出資。2020年4月13日に愛媛銀行が地域金融機関で初めて「Money Tap」を実装
SBI GROUP SBI地方創生アセットマネジメント	地域金融機関との共同出資により設立し、出資参加行は**39行**に拡大、運用残高は**7,200億円**を突破（2020年12月時点）
SBI Investment	SBIインベストメントが現在運営するベンチャーキャピタルファンドに**75社**の地域金融機関が出資
SBI Remit	SBIレミットが提供する国際送金サービスを**4行**で取り扱い開始
SBI スマイル	地域金融機関**3行**がSBIスマイルの不動産リースバック「ずっと住まいる」の提供を決定、さらに他**2行**の地域金融機関と提携協議中
住信SBIネット銀行 SBI Sumishin Net Bank	住信SBIネット銀行の提供する住宅ローン商品のほか、AI審査サービスや外貨関連サービスなどを地域金融機関**4行**で採用決定・取り扱い開始済み

（2020年11月末時点）

［図表3-2］ SBI証券の金融商品仲介業サービスを通じた口座数と預かり資産の推移

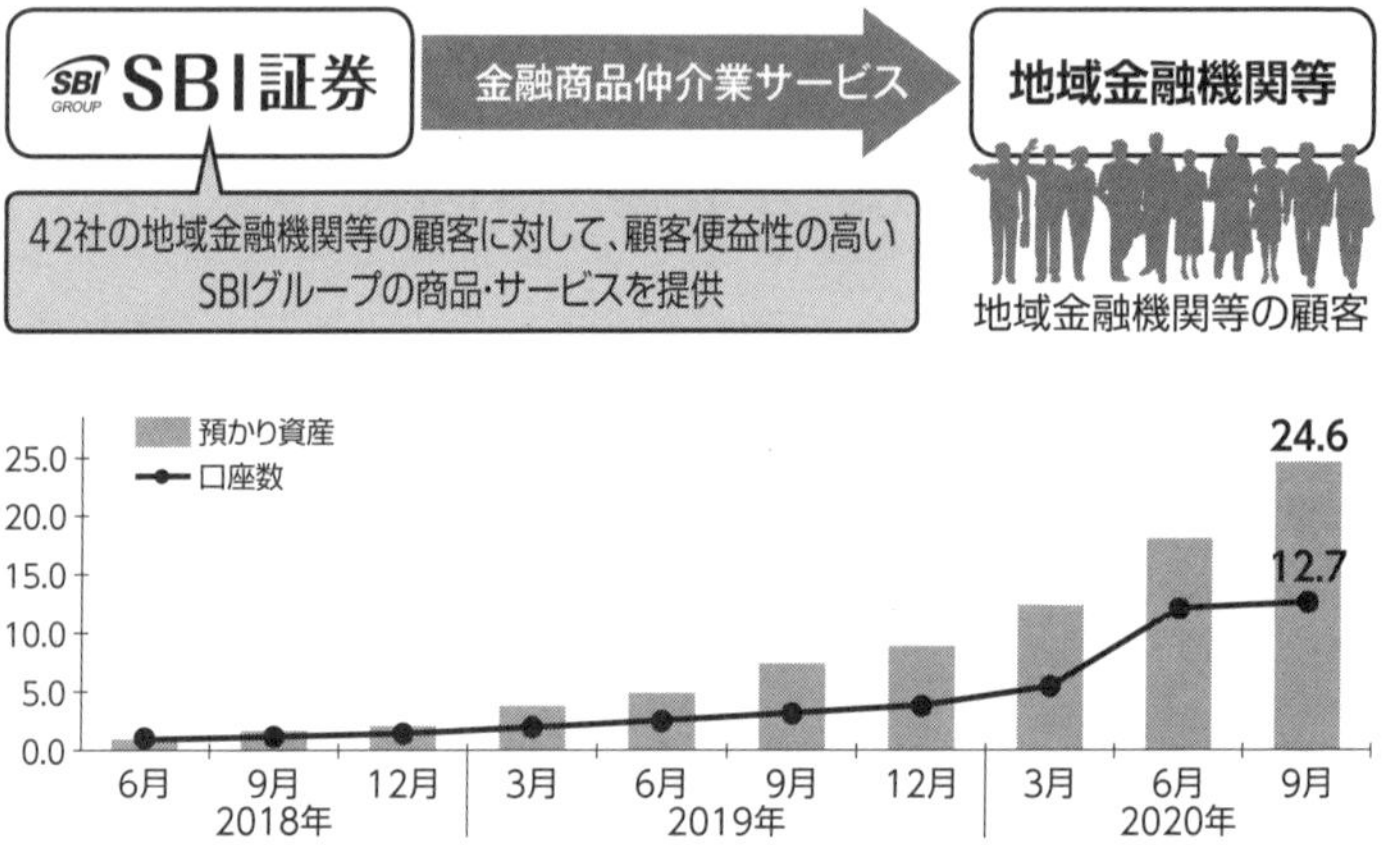

※1　SBIマネープラザでの共同店舗での分を含む。
※2　2018年6月の数値を1として指数化。

推移ですが、2018年6月を1とすると、2020年9月には口座数は12・7倍に、預かり資産残高は24・6倍に拡大しており、提携先の地域金融機関にとっても新たな顧客層の開拓につながっています。

また、SBI証券では、延べ400超の金融機関に対してブローカレッジビジネスを拡大していますが、この中には地域金融機関も多く含まれます。金融機関との取引高は、2018年3月期上半期を1とした場合、2021年3月期上半期には株式取引は5・3倍に、新発・既発債取引は1・5倍に膨らんでおり、地域金融機関への仕組債・外債取引が堅調に増加しています。

実績上げるSBIマネープラザ

SBIマネープラザはSBIグループでも数少ない対面営業を主とした金融サービス事業者で、地域金融機関との業務提携や共同店舗の開設を推進しています。現在、地方銀行12行との間で16の共同店舗を開設・運営しており、さまざまな金融商品と専門的なアドバイスをワンストップで対面にて提供しています。

SBIマネープラザと地域金融機関との共同店舗では、口座数、預かり資産残高が急拡大し、収益も増加しています(図表3－3)。その背景には大きく3つの理由があると考えています。

第一に、商品ラインアップの豊富さです。共同店舗では投資信託や株式、海外債券、仕組債、さらには新規公開銘柄も扱っています。地方でも富裕層の方は、商品提供力がある大手証券や外資系証券会社と取引をしているケースが多いのですが、そうした方たちにとっ

［図表3-3］SBIマネープラザと地域金融機関との各共同店舗における口座数・預かり資産増加状況

合計12行16店舗（清水・筑邦・仙台・三重では2店舗運営）で
共同店舗運営を実施

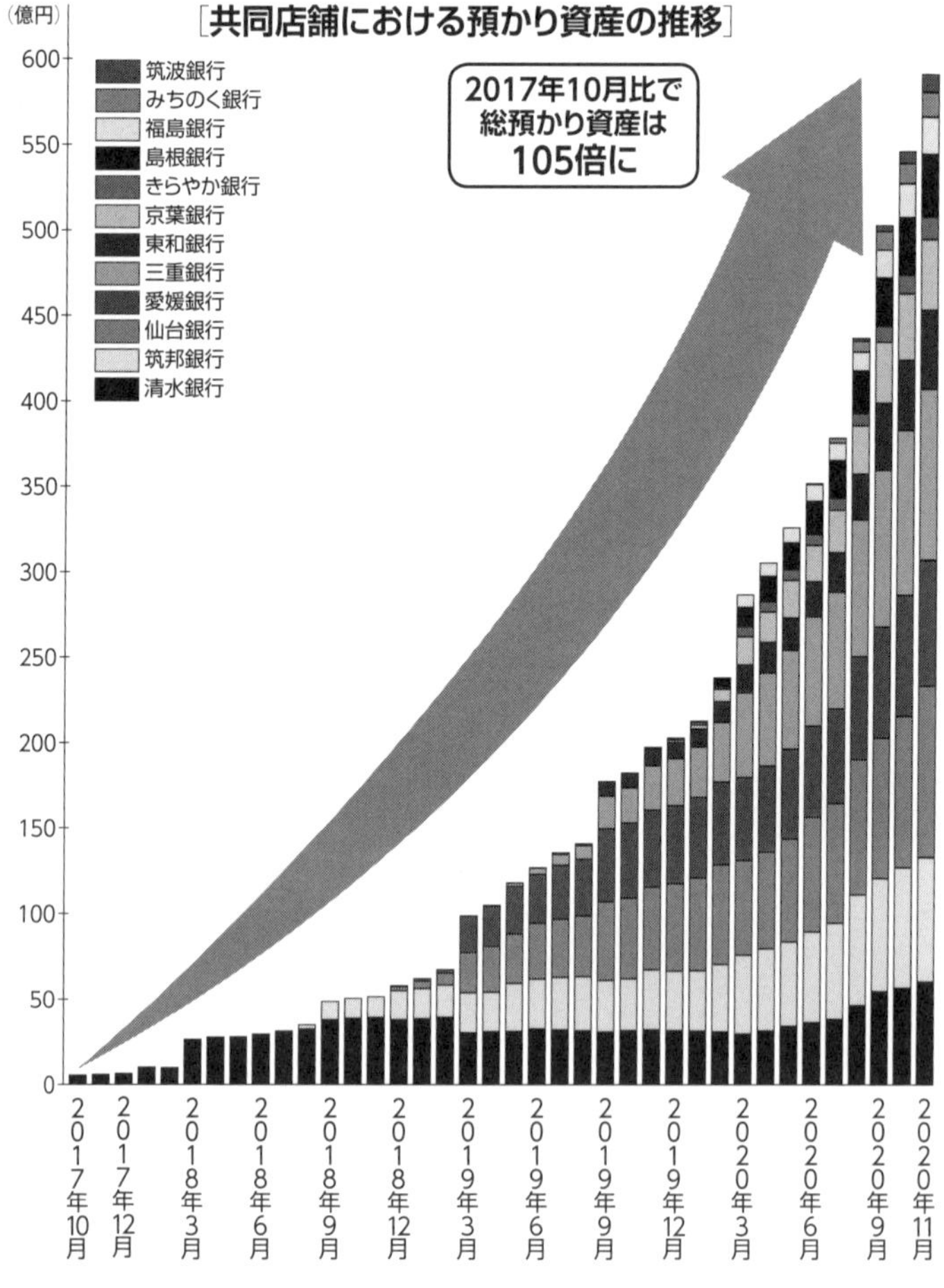

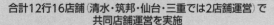

銀行名	共同店舗の開設年月
清水銀行	2017年10月
筑邦銀行	2018年 6月
仙台銀行	2018年11月
愛媛銀行	2018年12月
三重銀行	2019年 4月
東和銀行	2019年 4月

銀行名	共同店舗の開設年月
京葉銀行	2019年 9月
きらやか銀行	2019年10月
島根銀行	2019年12月
福島銀行	2020年 1月
みちのく銀行	2020年 5月
筑波銀行	2020年 6月

［共同店舗における口座数の推移］

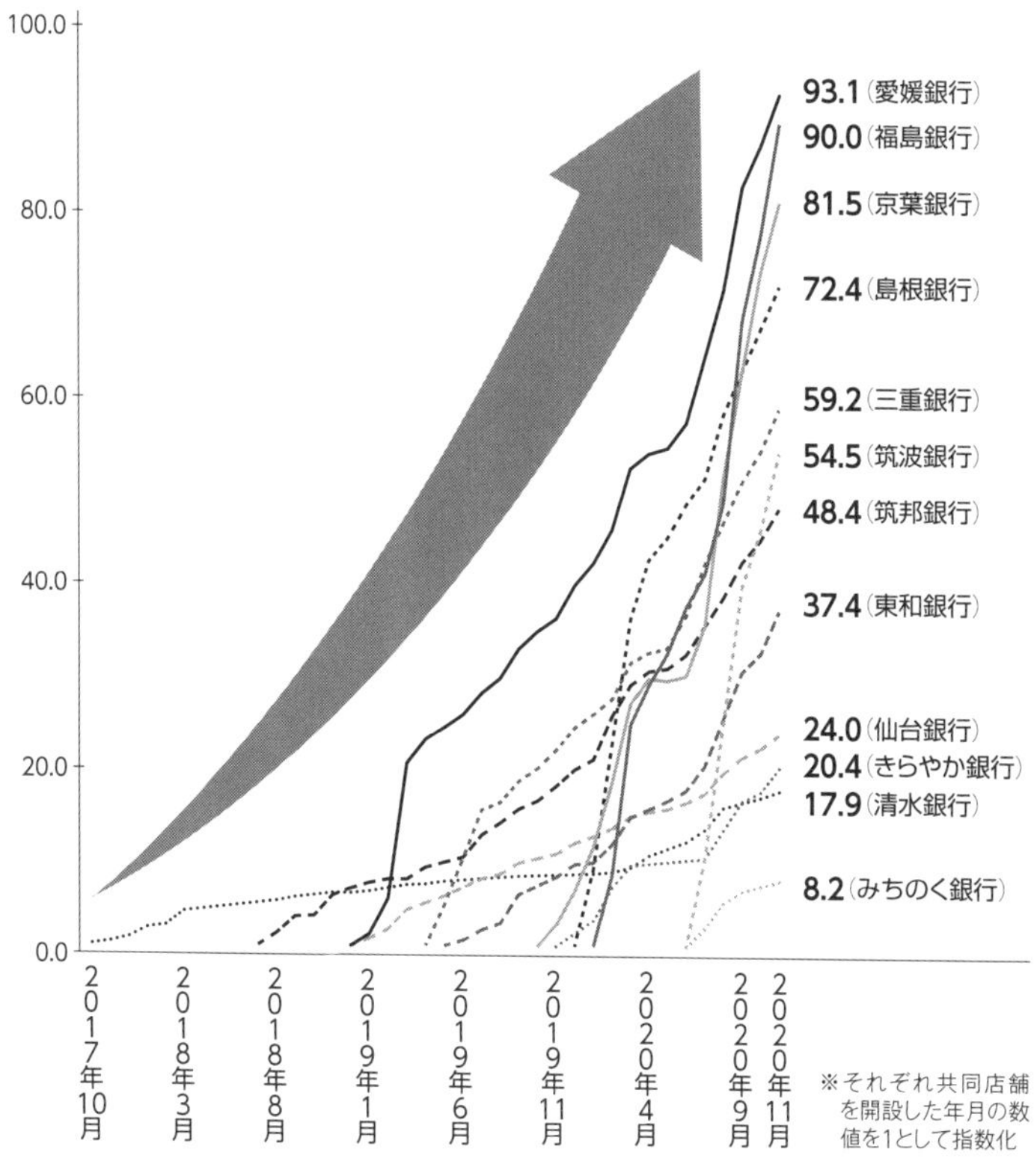

※それぞれ共同店舗を開設した年月の数値を1として指数化

て、共同店舗で取り扱う新規公開銘柄などは魅力的であり、取引をしていただくきっかけになっています。

第二に、専門性があり販売力も兼ね備えた人材を配置していることです。いくら商品が充実していても、お客様のニーズを踏まえた提案をしていくためには、経験と知識が豊富な人材が不可欠です。共同店舗には研修、トレーニングを経た経験豊かな人材を派遣しています。すでに提携している地域金融機関からは2店舗目、3店舗目を開設したいという相談をいただいているのですが、人材確保という点で、その数を一気に増やしていくのは難しいという事情があります。ただ、この点については、SBIホールディングスと三井住友フィナンシャルグループの戦略的資本・業務提携の一環として、SMBC日興証券とSBIマネープラザで人材交流を行い、優秀な人材を地域金融機関の対面証券ビジネスに投入できる見込みです。

なお、人材に関しては、提携先の地域金融機関が、「共同店舗にSBIから来ている証券販売員」という位置付けではなく、自行の職員と同じように対応し、フェアな関係を築いていてくれていることが、共同店舗担当者のモチベーション向上につながっている点も見逃せません。

第三に、地域金融機関の顧客基盤の充実とブランド力です。地方における地域金融機関に対する信頼は極めて高いものがあります。「SBIです」と言ってご提案をしても耳を傾けてくれないようなことが現実にはあったりするのですが、「××銀行からの紹介です」とお話すると、ご提案を聞いていただけるケースが少なくありません。地域金融機関ならではの地域における「信頼」という強みに、SBIグループの提案力をうまく組み合わせることができています。

金融商品・サービスの提供・販売等に関する地域金融機関との提携としてはこのほかに、地域金融機関等26機関でのSBI生命の団体信用生命保険の販売、金融法人21機関でのSBI損保の保険商品取り扱い、地域金融機関等38機関の取引先企業に対するSBIビジネス・ソリューションズのバックオフィスクラウドサービス「承認Time」、「経費Bank」および「勤怠Reco」の紹介並びに「助成金補助金 診断ナビ」、「デジタル法令&文例」の導入が決定しているほか、第5章で詳しくご説明するSBIネオファイナンシャルサービシーズの提供するホワイトラベル形式のバンキングアプリの9行での導入などがあります。

SBIグループとしては、そうした提携の一つひとつが、結果的に地方創生につながると考えています。

モーニングスターのアプリは142社の地域金融機関が導入

SBIグループは地域金融機関におけるリスク性商品の販売支援も積極的に展開しています。

モーニングスターが提供するタブレット端末向けの資産運用アドバイスツール「Wealth Advisors」は、全国142社の地域金融機関で導入されています。

「Wealth Advisors」は、銀行、証券会社等が投資信託や保険等の金融商品を販売する際に、各種商品の特徴、運用実績、コスト等に加え、モーニングスター独自の格付・評価情報を活用して案内することができる資産運用アドバイスツールで、タブレット端末をお客様に見せることで、商品の説明を完結できます。ポートフォリオ分析機能も搭載しており、金融庁が提唱する「顧客本位の業務運営（フィデューシャリー・デューティー）」の実践に合致するアドバイスが可能となります。

モーニングスターを設立した当時、「投信の格付会社をつくってもずっと赤字ですよ。やめたほうがいい」とずいぶん言われました。しかし、投資信託を販売する以上、販売する金融機関には投資家の方々にわかりやすい情報を提供する義務があります。分厚い目論見書もありますが、過去の実績などに基づいて星の数でその商品の評価をするようなわかりやすい仕組みは絶対に必要だと考えて、周りの反対を押し切り、アメリカのモーニングスター社とのジョイントベンチャーとして日本で立ち上げました。そのモーニングスターが現在、全国ほとんどの地域金融機関で欠かすことのできない存在となりつつあるのは、大変にうれしいことです。

Money Tapで安価で安全な送金を実現

利用者による個人間の送金を、安全・即時かつ快適に行うスマートフォン向けアプリ

Money Tapを提供する**マネータップ社**には、地域金融機関を中心に38機関が出資していま す。

Money Tapは、アメリカのRipple社の分散型台帳技術（DLT）を活用したスマートフォン向け送金アプリです。API接続している銀行であれば自行内・他行宛を問わず、24時間365日いつでも無料で、銀行口座間の直接送金が可能な日本初のサービスを提供しています。銀行口座番号のほか、携帯電話番号やQRコードを用いた送金機能も実装しており、指紋等の生体認証と組み合わせることで、ユーザーエクスペリエンス（UX）とセキュリティの両立を図っています。すでに愛媛銀行、住信SBIネット銀行、スルガ銀行の3行とは接続が実現しているほか、大垣共立銀行、筑邦銀行、肥後銀行が実装を決定したのに加え、さらに1行が内定しています。

Money Tapのような次世代決済インフラを提供することで、国内送金における全銀システムの銀行間手数料など、硬直化した既存の決済インフラの料金水準に対して健全な競争原理を働かせることができればとも考えています。

資産運用ビジネスでの提携

SBI地方創生アセットマネジメントには、地域金融機関39行から出資していただいています。2020年1月には単月黒字を達成し、営業を開始してからわずか2年で運用残高は7200億円を突破しました。SBIグループと資本・業務提携を締結している島根銀行からは642億円（投資元本：2020年6月末時点）相当の資産運用を受託しており、従来マイナスであった島根銀行の有価証券運用の実質利回りは、ポートフォリオの見直しによりプラスに転じています。

SBIグループのアセットマネジメント事業における中核的企業である**SBIインベストメント**が現在、運営するベンチャーキャピタルファンドには75社の地域金融機関が出資しています。地域金融機関が直面する課題の一つにフィンテックへの対応がありますが、同社はフィンテックのみならず、ITおよびバイオ・ライフサイエンス、環境・エネルギー、AI、ブロックチェーン領域など先端テクノロジー分野に投資を行っており、その知見、ノウハウが地域金融機関の業務革新にも役立っています。

同社の2020年12月末現在の累計投資社数は国内外合わせて986社に上り、そのうち169社をIPOやM&Aという形で世の中に送り出してきました。

現在、多くの地域金融機関から出資していただいているFintechファンド（2015年12月設立）、SBI AI&Blockchainファンド（2018年1月設立）では、投資先が次々と上場するタイミングに入っています。そうした企業は大きな企業価値で公開を果たしており、ファンドに出資していただいた地域金融機関の利益にも貢献できると思います。

新たな連携を目指す「健康口座」事業

新たにSBIグループでは、日本の人口動態の変化や財政状況から予見される将来の公的保険給付の厳格化に備えて、「健康口座」事業を推進していくことにしました。「健康口座」とは、将来の医療費や介護費等に備える新サービスです。このサービスのコンセプト

［図表3-4］「健康口座」事業のコンセプト

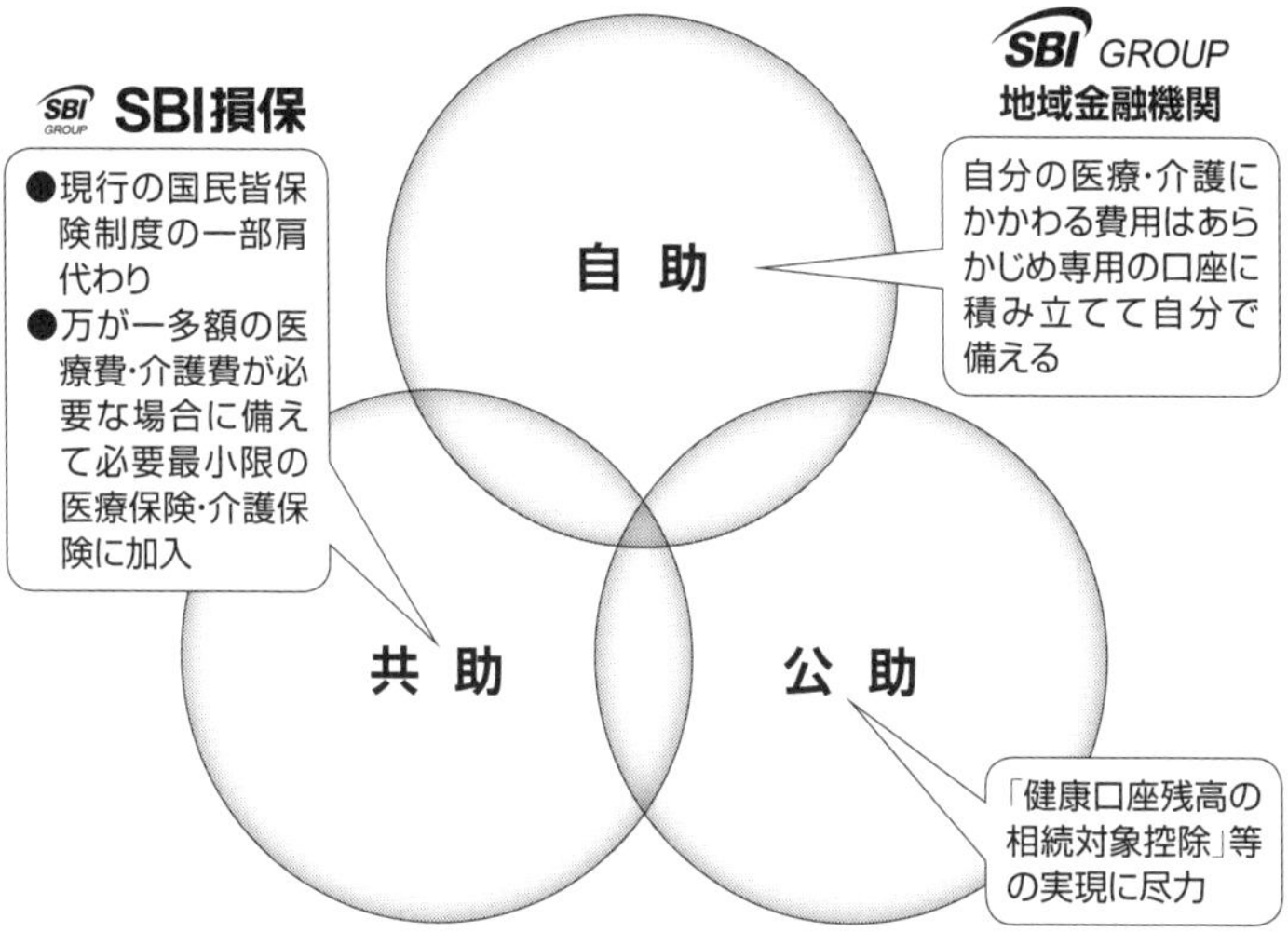
SBI GROUP
地域金融機関
自分の医療・介護にかかわる費用はあらかじめ専用の口座に積み立てて自分で備える
SBI GROUP SBI損保
●現行の国民皆保険制度の一部肩代わり
●万が一多額の医療費・介護費が必要な場合に備えて必要最小限の医療保険・介護保険に加入
自 助
共 助
公 助
「健康口座残高の相続対象控除」等の実現に尽力

は、菅総理が掲げられた「自助」「共助」「公助」にまさに合致するものです。「自助」とは、自分の医療・介護等にかかわる費用をあらかじめ専用の口座に積み立てて、自分で将来の不測の事態に備えるということです。本人の収入が定年等で減った場合は、子どもや孫などの親族が代わって積み立てできるようにしたり、この口座を次の代にも引き続き「健康口座」として機能させられるようにしておきます。そして、現行の国民皆保険制度の一部を肩代わりするとともに多額の医療費・介護費が必要な万が一の場合に備えて必要最小限の医療保険・介護保険に加入する、これが「共助」です。さらに、このような仕組みなので「健康口座残高の相続対象控除」等が「公助」となるようにＳＢＩグループとしても尽力していくつもりです（図表３－４）。国民の健康維持と地域金融機関のつながりを強化するという意味で、この「健康口座」事業は極めて重要な取り組みであると考えています。

具体的なサービスのイメージをご説明すると、まず、利用者は地域金融機関に医療費や介護費のための専用預金口座である「健康口座」を設け、預金を積み立てます。この「健康口座」の残高を利用することで、たとえば利用者が医療機関を受診した際の医療費が「健康口座」から支払われるようにするという仕組みです。利用者にとっては病院で会計を待たずに帰宅でき、キャッシュレス化を実現できます（図表３－５）。

この「健康口座」事業を私どもは日本メディカルビジネス社との合弁会社（エムイーエックステクノロジーズ）にて推進していきます。医療情報事業、医療金融事業を展開する日本メディカルビジネス社はＳＢＩグループの出資先でもありますが、このたび、新たに大垣共立銀行やＳＢＩ損保と「健康口座」ビジネスを構築しました。ＳＢＩグループでは今後、地域金融機関へ当該ソリューションの展開を図っていきます。

［図表3-5］「**健康口座**」**サービスのイメージ**

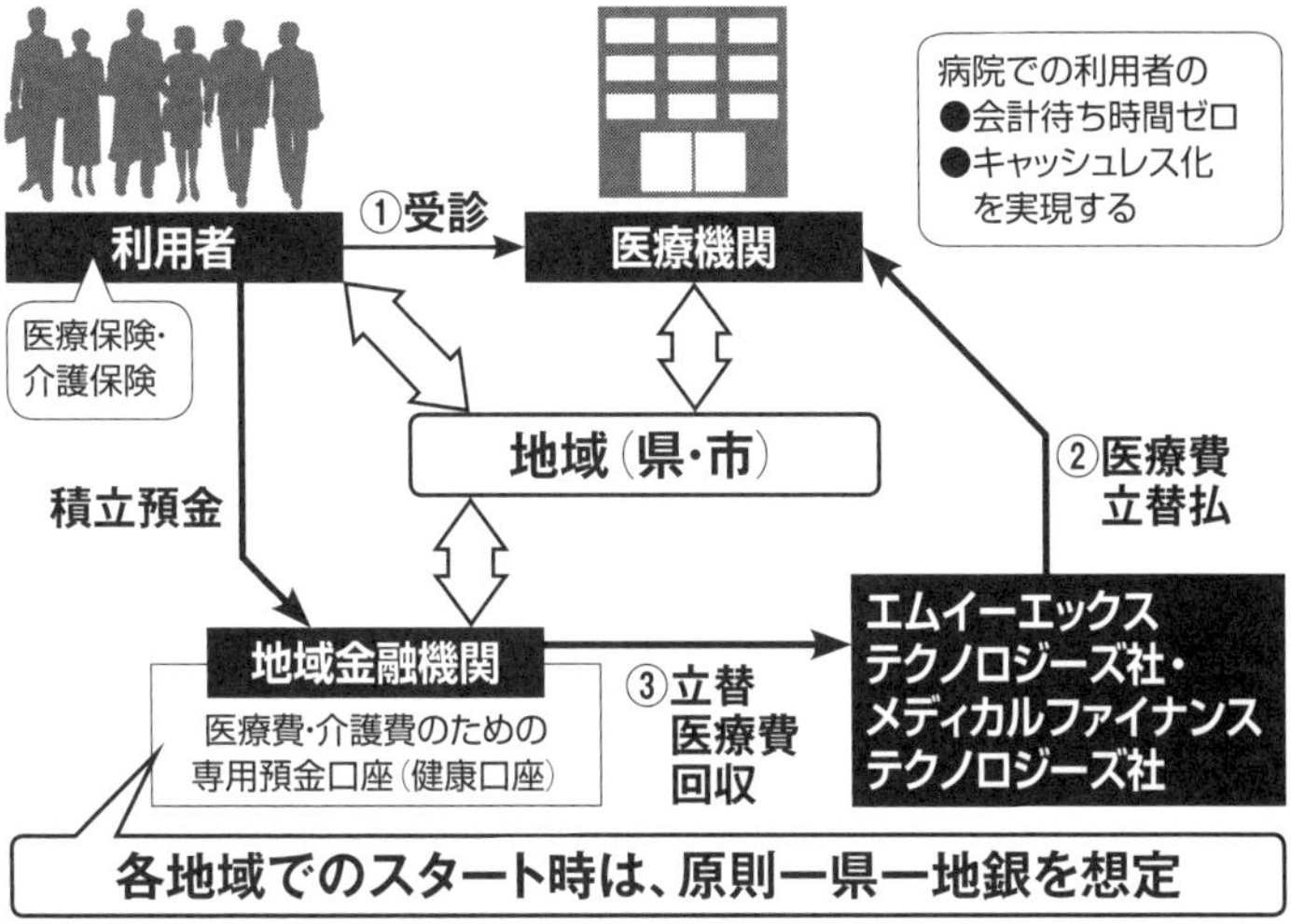

このように、さまざまな領域でSBIグループと地域金融機関の連携は拡大しています。地域金融機関との連携も第1章でご説明した「オープン・アライアンス」戦略の一環です。SBIグループの当面の目標は地域金融機関とwin－winな関係を構築していくこと、そしてそれにより地方創生に貢献していくことです。

第4章

第4のメガバンク構想

地域金融における「自助」「互助」の枠組み

SBIグループは国家戦略である地方創生の流れに沿うべく、前記したように3年以上にわたり地域金融機関の収益力強化につながるようなさまざまな連携を行ってきました。地域金融機関がよりパフォーマンスの高い魅力的な商品・サービスを地域の方々に提供できるようになれば、そのパフォーマンスを享受する地域の方々は消費を増やし、地域の中小企業にもプラスになる、それがまた地域金融機関の業績に跳ね返ってくる。そうした好循環を創り出すことで地方の活性化に貢献することを目指してきたわけです。

この考え方をさらに深化させた取り組みが「第4のメガバンク構想」です。これはメガバンクが3つあるから4つ目をつくるという単純な発想ではありません。同じ課題を抱える地域金融機関にわれわれが有する商品・サービスやノウハウ、ベンチャー企業を含む多様な業種の企業とのわれわれのネットワーク等を徹底的に活用してもらいながら、中長期的な観点から各行の収益力強化とそれに伴う企業価値向上のお手伝いをしていくという一大プロジェクトです。

少し話はそれますが、私は新しい戦略を打ち出したり事業分野に参入したりするような時、そのネーミングに強いこだわりを持っています。「北尾さんは何をするつもりか」と関心を持ってもらえるようなキャッチーなネーミングにすれば、メディアも注目し取り上げてくれます。今回も「第4のメガバンク」と〝命名〟したことで、金融界はもちろん、広く注目されました。

「まずは、自分でできることは自分でやってみる。そして、地域や家族で助け合う。その上で、政府がセーフティネットで守る」

菅総理は自民党新総裁に選出された直後のあいさつで、目指す社会像として「自助・共助・公助」を掲げ、こう述べられました。

第4のメガバンク構想もまさにこの考え方に沿ったものです。特に地域金融機関をめぐっては、確かに金融機能強化法に基づいて公的資金が注入されるというセーフティネット（公助）は用意されていますが、本当に国（金融庁）が何の条件もなしに公的資金をポンと出してくれるかと言えば、答えはノーでしょう。

公的資金の原資は血税です。血税を使う以上、ほぼ間違いなく返済されるという確証がない限り、使うべきではないでしょう。ところが、地域金融機関を取り巻く環境は、これまでにお話してきたように、人口減少、産業基盤の縮小、マイナス金利政策の長期化、預貸率の低下、利ざやの縮小など、マクロ面では中長期的に極めて厳しい状況です。つまり、公的資金を借りても確実に返済できるという絵を描くことが難しいわけです。実際、過去に公的資金の注入を受けた地域金融機関でも返済の道筋を示すことができない状況になっているところもあります。

そうした中では金融庁も公的資金を出すことには当然二の足を踏むでしょう。あるいは、どこかと合併させようとするかもしれませんが、よほどの大義、理由がない限り、株主が黙ってはいないと思います。机の上で数合わせをするのとは違い、そう簡単に合併はできません。

「公助」が期待できなければ、「自助」「共助（＝互助）」で地域の金融を守っていくしかありません。アメリカ大統領だったジョン・F・ケネディは、大統領就任演説で「国家があなたに何をしてくれるかを問うのではなく、あなたが国家に対して何ができるかを自問してほしい」と述べています。今、地域金融機関で一番大事なことは、自分たちを変えるのは自分たちしかいないという強い意志を持ち、自らを変革していくことです。そのためにこれだけは自分たちで何としてもやりとげる（自助）、しかし、この問題だけはどうしても難しいならば同じような問題を抱えた地域金融機関と助け合って克服していきましょう（共助）という枠組みが「第4のメガバンク構想」で、一種の共同体と捉えるとわかりやすいと思います。

出資先は最大で10行まで

地域金融機関へのＳＢＩグループの出資に際しては、原則として、当該金融機関の同意のもと、①第三者割当増資の引き受け、②既存株主からの取得、③①②両方によって、当該金融機関と合意した株式数を取得します。出資比率は原則として当該金融機関の意向に添う形で判断していきますが、ＳＢＩグループが50％超の株式を取得し、当該金融機関

［図表4-1］「第4のメガバンク構想」
戦略的資本・業務提携先の地域金融機関

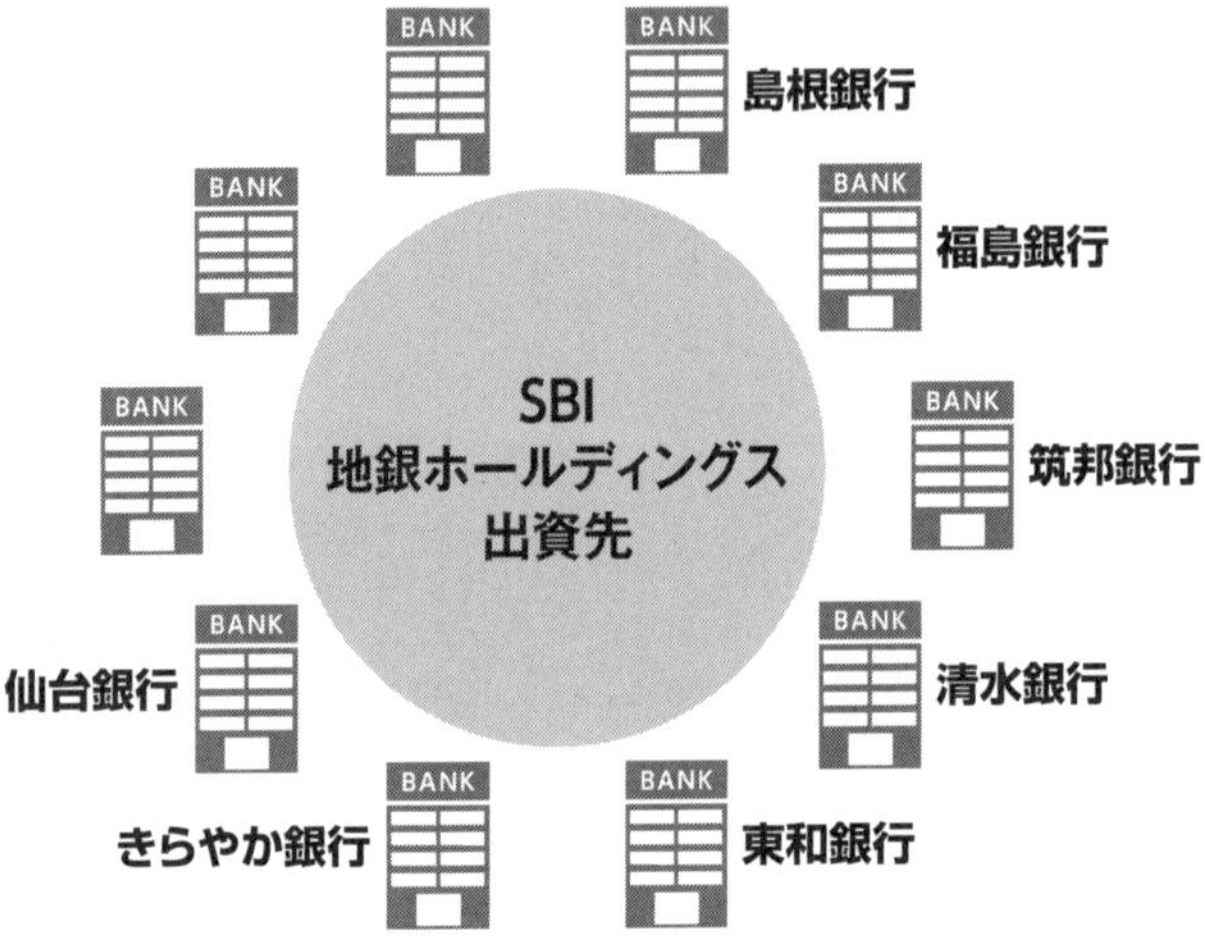

を子会社化することは現時点ではまったく考えていません。取得した株式はＳＢＩホールディングスの１００％子会社であるＳＢＩ地銀ホールディングスが保有します。

　すでに、島根銀行（ＳＢＩグループの議決権ベースの株式保有比率34・０％）、福島銀行（同19・25％）、筑邦銀行（同約３％）、清水銀行（同約３％）の４行に出資をしており、また直近では２０２０年10月に東和銀行と地元企業向け共同ファンドの設立と戦略的資本・業務提携（同約１％）を、続く11月にはじもとホールディングス（きらやか銀行・仙台銀行）

とも資本・業務提携（同18・9％）を発表しました（図表4－1）。

戦略的資本・業務提携先は最大で10行程度を想定しており、ほぼめどがついています。第4のメガバンク構想を10行で打ち止めとするのは、われわれの経営資源にも限度があるからです。たとえば、出資先の運用のパフォーマンスを何とかして上げていこうとすると、われわれの運用のプロフェッショナルをそこに割く必要があります。新しいシステムを構築し運用していく、あるいはわれわれのシステムとＡＰＩ連携を図るといったことにもわれわれのシステム人員を相当数投入しなければなりません。そう考えると、経営資源を投入し、しっかりとモニタリングをし、できる限りの支援をしていくことができるのは、現時点では10行程度が限界なわけです。

ＳＢＩグループは、これまでも多くの地域金融機関と業務提携を行ってきました。しかし、あえて第4のメガバンク構想を打ち出したのは、資本・業務提携の方がより踏み込んで地域金融機関の企業価値向上に貢献できると考えたからです。もとより、出資をして応分の発言権を確保しようなどとは思っておりません。当該金融機関の意向があれば別ですが、基本的にマジョリティをとることも考えていません。役員を1、2人派遣することは

［図表4-2］SBI地銀ホールディングスは出資先地域金融機関の「質的な転換」をサポート

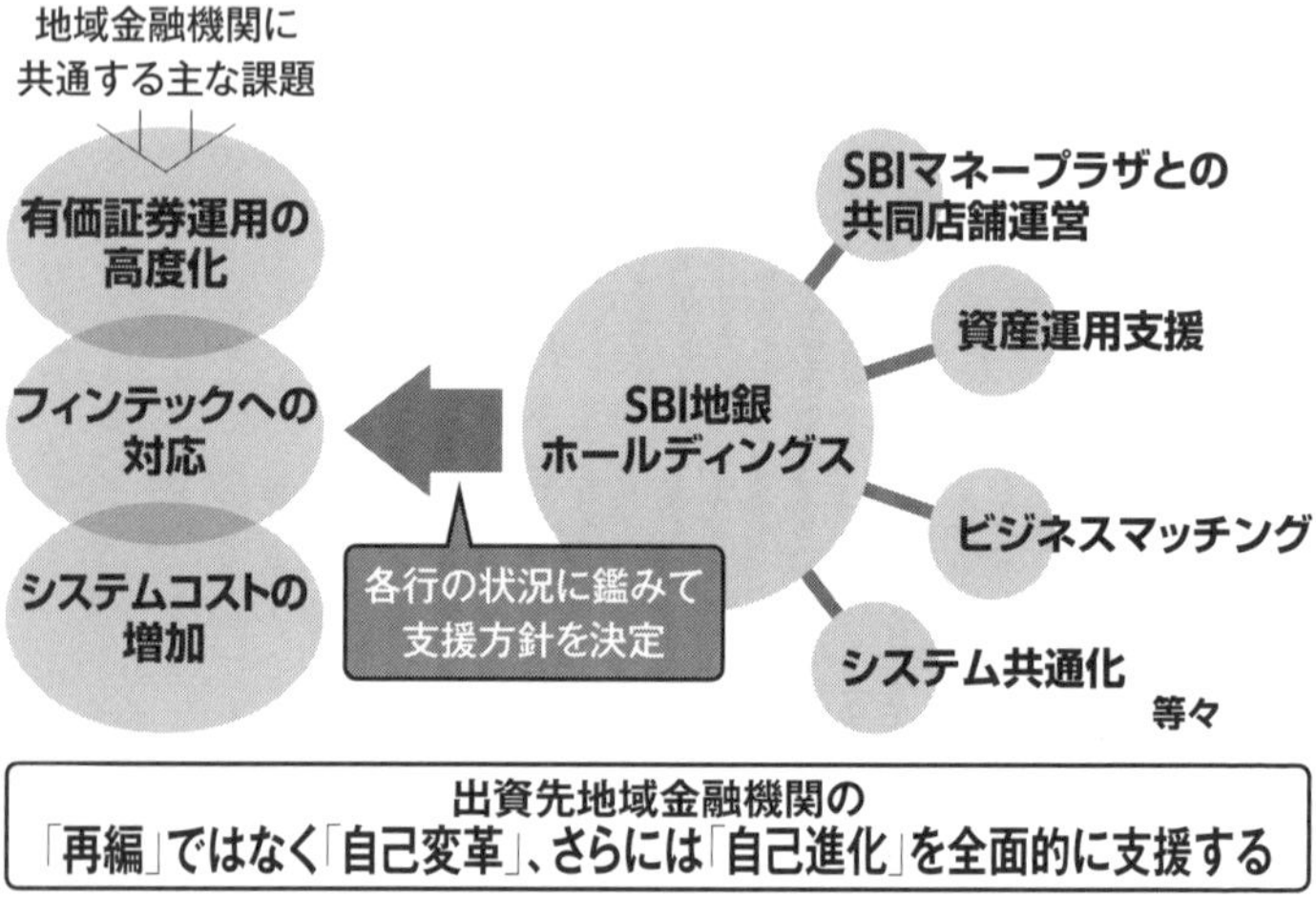

ありますが、それは当該金融機関の課題を正確に把握し、その解決のためにわれわれのさまざまなノウハウやエクスパティーズ（専門的知見）を提供し、タイムリーにその効果を検証していくためであり、それ以上のことはありません。

実際、出資に踏み込んだことで、当該金融機関もいろいろなメリットを享受できていると思います。たとえば、福島銀行の取締役には元金融庁長官の五味廣文さんに加わってもらいました。五味さんには取締役を引き受けていただく際に「福島銀行の役員会などでは

SBIの利害のことなど一切考える必要はありません。僕やSBIの意向を忖度することなく、五味さんが福島銀行にとって、よかれと思うことを率直にお話いただいて結構です」という話をさせていただきました。五味さんの考えや視点は、福島銀行にとって非常にプラスになるはずです。そういうことは、やはり出資をしているからできるわけです。

また、第4のメガバンク構想は、地銀再編とは方向性が違います。地域金融機関の数については昨今話題に上りますが、合併などを通じて再編をするかどうかはあくまでも地域金融機関自身が判断すべきことです。第4のメガバンク構想は、出資先地域金融機関の再編ではなく「自己変革」「自己進化」を全面的に支援するプロジェクトです（図表4－2）。

「自己変革」「自己進化」を全面的に支援

SBIグループも株式会社であり、常にわれわれの株主の厳しい評価にさらされています。したがって、第4のメガバンク構想でも、出資に際しては案件ごとに、将来、その金融機関の企業価値が向上するかどうかといった経済合理性についてしっかりとデューデリジェンスを行います。

その上で、出資を判断する際に最も重要視するのは、その金融機関自身が自らを変えていこうという強い意思を持っているかどうかという点です。結局、自らを変えていけるのは自分自身です。その地域金融機関のトップから現場の職員に至るまですべての人たちが、「このままではまずい。業務のあり方を根本的に見直さなければならない」と意識改革し真剣に考える。それをサポートするためにわれわれが出資をするということです。

私は出資をした地域金融機関の頭取や社長に全10巻の「安岡正篤活学選集」（致知出版社）をお送りし、「この本を幹部の皆さんで読んでください」とお願いしています。また、若手職員の方にぜひ見てもらいたいと思い、二宮金次郎が新田開発にあたり、それに従事する農民たちの意識をいかにして変えていったかを描いた映画のDVDを送っています。

安岡正篤先生の『呻吟語を読む』には、「自己革新の根本」として、「『我を亡ぼす者は我なり。人、自ら亡ぼさずんば、誰か能く之を亡ぼさん』（修身）これは非常にいい言葉です。この一つだけでもつかみ得たなら、大したものだと思います。自己革新は、この『われ』にある。原因も結果も、自分自身にある。ローマを亡ぼしたのはローマです。日本を支えているものは日本です。健康で生き生きとした人生を送れるかどうかというのも、自分自身にあります。」と書かれています。全員が意識を変えて英知を結集して自分たちの銀行を良くしていく。私利私欲ではなく、そうした志があることが出資にあたっての大前提です。SBIグループはこれまでに多くの会社を設立したり、投資をしたり、再生をしたりしてきましたが、最終的にはその会社のトップや社員が志を持っているかどうかで会社の将来が決まるというのが私の一つの結論です。

戦略的資本・業務提携を行った金融機関に対して、われわれは前記したような「システムコストの削減」「資産運用の高度化」といった課題を克服していくためのソリューションを幅広く提供していきます。

そうしたことに加えて、コロナ禍で地域金融機関のお客様である企業の中には、経営の継続が難しくなるようなところが出てくるでしょう。しかし、その企業が本当に良い企業に変身できるとわれわれが判断すれば、SBIグループとしてその事業再生にも取り組みます。そうすれば支援する地域金融機関の不良債権化を防げるでしょう。

日本における民事再生法の適用第1号案件だった川崎電気（現かわでん）を引き受けて、短期間で再上場させたのはわれわれです。川崎電気は山形の分電盤、配電盤を作っているメーカーでした。再建させるにあたり、私は他のスポンサー候補会社と異なり、「従業員は一人としてやめてもらう必要はありません」「工場もどこも閉鎖する必要はありません」と言いました。破綻の原因は、バブル経済に踊らされた経営者にこそあると考えたからです。前の社長とほとんどの役員には退任してもらい、末席の役員を社長にして、分電盤、配電盤の製造という本業に専念させました。その結果、業績は短期間で上向き、再上場を果たすことができたのです。事業再生においては、「ヒト、モノ、カネ」のリストラよりも先にやるべきことがあると私は考えています。

われわれとしては、われわれが提供する多様なシステムや商品、サービスを資本・業務提携先の地域金融機関に使ってもらったり、アドバイスをすることで結果を出し、「SBIグループのアドバイスがこんな成果に結びついた」といった形で、他の地域金融機関にも感化し広げてもらいたいと思っています。

安岡正篤先生は、「一燈照隅　萬燈照国」、すなわち、まず自分がいる片隅を明るく照らせる人間にならなければならない。それができ、その一燈が万人となると、萬燈となって国全体を隈なく照らすことができるようになる、ということを盛んに仰っておられました。われわれが戦略的資本・業務提携を行った銀行が飛躍的に業績を向上させ、それぞれの地域で「一燈」となれば、他の銀行も変身することに成功した銀行に感化され、そうした銀行を範として動き出し全国に広がっていけば、地域経済、そして日本経済の活性化につながるはずです。

戦略的資本・業務提携先の状況

（1）島根銀行

第4のメガバンク構想として初めて資本・業務提携を行った島根銀行（SBIグループの議決権ベースの株式保有比率34・0％）は、1年を経て見事に業績改善を果たしています。島根銀行とは元々、金融商品仲介やアセットマネジメント分野で提携関係にありましたが、われわれが出資を決めた時には「問題が山積している地域金融機関に出資して大丈夫なの

［図表 4-3］ **島根銀行は2021年3月期上半期において大幅な業績改善を達成**
〜コア業務純益は2017年3月期第2四半期（中間期）以来4期ぶりの黒字〜

コア業務純益比較
［上半期］　（百万円）

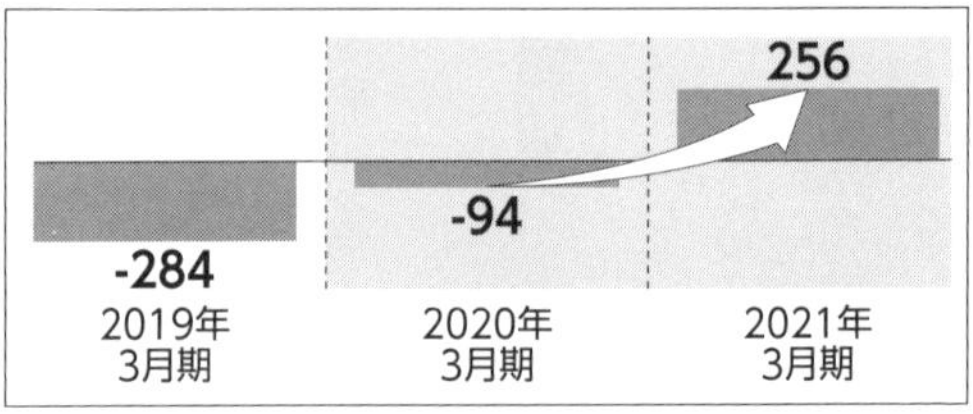

中間純利益比較
［上半期］　（百万円）

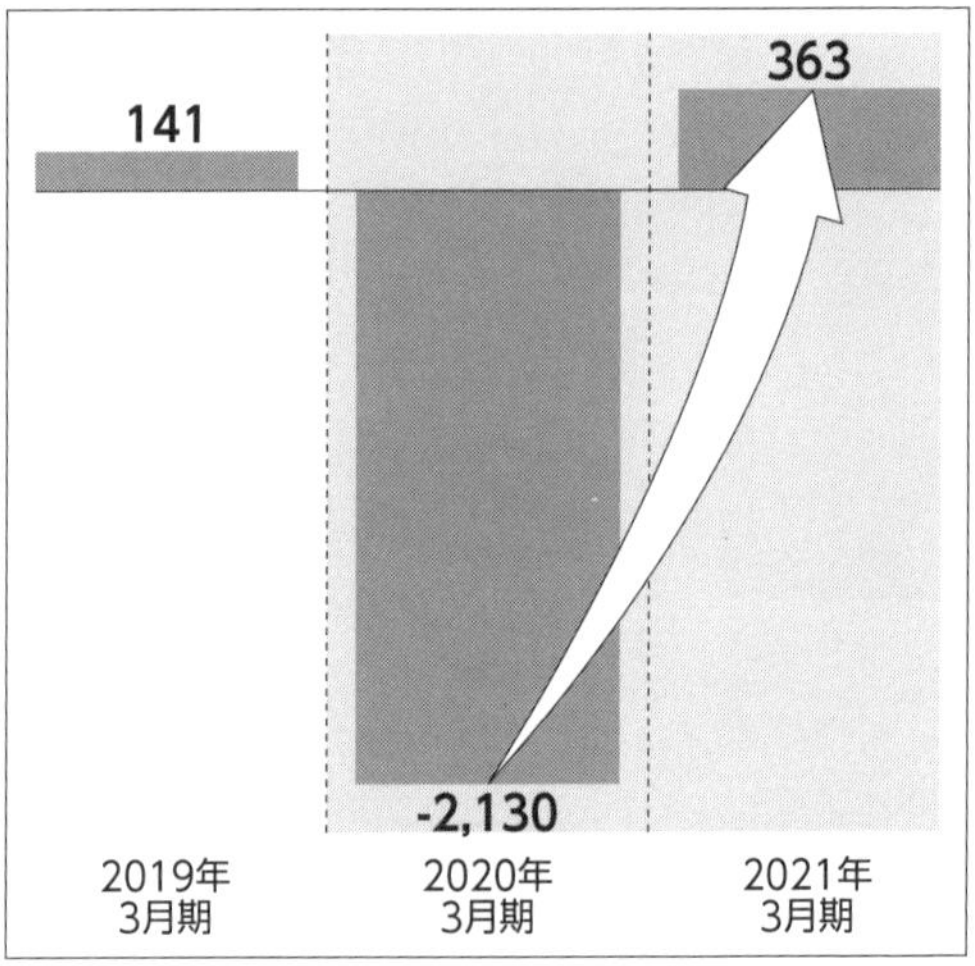

■PBR推移比較※1

社　名	PBR（2019年9月末）	PBR（2020年9月末）	増減
島根銀行	**0.21**	**0.43**	**+0.22**
鳥取銀行	0.27	0.25	−0.02
千葉銀行	0.44	0.46	+0.02
銀行業平均※2	0.30	0.30	0
時価総額下位10行平均	0.22	0.26	+0.04

※1　各月末時点の株価を、2020年9月末時点での1株当たり純資産で除して算出。
※2　東京証券取引所「規模別・業種別PER・PBR（連結）」より単純値を抜粋。

か」とマスコミも含め、ずいぶんと批判も受けました。

しかし、2021年3月期上半期の状況を見てみますと、新型コロナウイルス感染症拡大の影響があったにもかかわらず、前年同期は▲9400万円だったコア業務純益が2億5600万円の黒字となるなど、まさにV字回復と呼ぶにふさわしい立ち直りを見せています（図表4－3）。

業績が急回復した主な要因としては、①「顧客中心主義」の営業に徹した結果として、地元山陰地区での中小企業向け貸出件数・残高が増加、②SBI地方創生アセットマネジメントへの資産運用委託を通じたポートフォリオ再構築と資産管理コストの低減、安定的な利息収入の拡大、③SBIマネープラザとの共同店舗運営により、12カ月間で口座数は約72倍、預かり資産残高は約42倍に増加するなど、手数料収入が増加、といったことが挙げられます。

また、地元企業に対するビジネスマッチングの促進、事業承継・M&A支援体制の強化、バンキングアプリの導入による顧客利便性の向上、SBI証券への投資信託・債券の取り扱いにかかる事業譲渡による高品質なサービスの提供、デジタルトランスフォーメーショ

［図表4-4］**島根銀行との連携強化策**

SBIグループ会社	提携内容	対象	効果
住信SBIネット銀行	島根銀行における住信SBIネット銀行の住宅ローン商品の取り扱い（2020年1月31日開始）	個人	収益力強化
SBI証券	金融商品仲介業サービス（2019年4月8日開始）	個人/法人	収益力強化
SBI証券	島根銀行とのM&A業務に関する業務提携	法人	地域企業支援
SBI証券	島根銀行における投資信託・債券の銀行窓販業務の譲り受け（2020年2月17日実施）	個人	コスト削減
SBIマネープラザ	島根銀行とSBIマネープラザとの共同店舗運営（2019年12月16日開始）	個人	収益力強化
SBI NEO FINANCIAL SERVICES	島根銀行とアスタミューゼとともに、専門人材の雇用促進による地方創生を目指す取り組み（2019年11月12日開始）	法人	地域企業支援
SBI NEO FINANCIAL SERVICES	島根銀行へのバンキングアプリの提供（2019年12月2日開始）	個人	利便性向上
SBI Business Solutions	島根銀行とクラウド型ワークフローシステム「承認Time」「経費Bank」を活用した地域企業の生産性向上支援 島根銀行とさまざまな助成金・補助金に関する情報を一元的に集約したクラウドサービス「助成金補助金 診断ナビ」を中小企業向け支援の一環として提供（2020年5月開始） 島根銀行の取引先企業とクラウド型勤怠管理システム「勤怠Reco」を共同開発、島根県内でテスト販売（2020年7月開始）	法人	地域企業支援
SBI生命	島根銀行でのSBI生命の団体信用生命保険の導入（2020年4月1日開始）	個人	コスト削減
SBI Holdings	Googleの『Grow with Google』プログラムのパートナーとして、島根銀行の職員向けのセミナーを開催（2019年12月21日開催）	法人	地域企業支援
SBI Remit	島根銀行におけるSBIレミットの国際送金サービスの取り扱い（2020年1月31日開始）	個人	収益力強化
SBI損保	島根銀行でのSBI損保の住宅ローン契約者向け火災保険の取り扱い（2020年1月31日開始）	個人	収益力強化
SBIスマイル	島根銀行におけるSBIスマイルの不動産リースバックへの顧客紹介	個人	収益力強化

［図表 4-5］**地域金融機関を媒介にして、地域企業とSBIグループが協業し、中小企業向け勤怠管理サービスを全国に展開**
～島根県の日本ハイソフト社とクラウド型勤怠管理ソリューションを共同開発した事例～

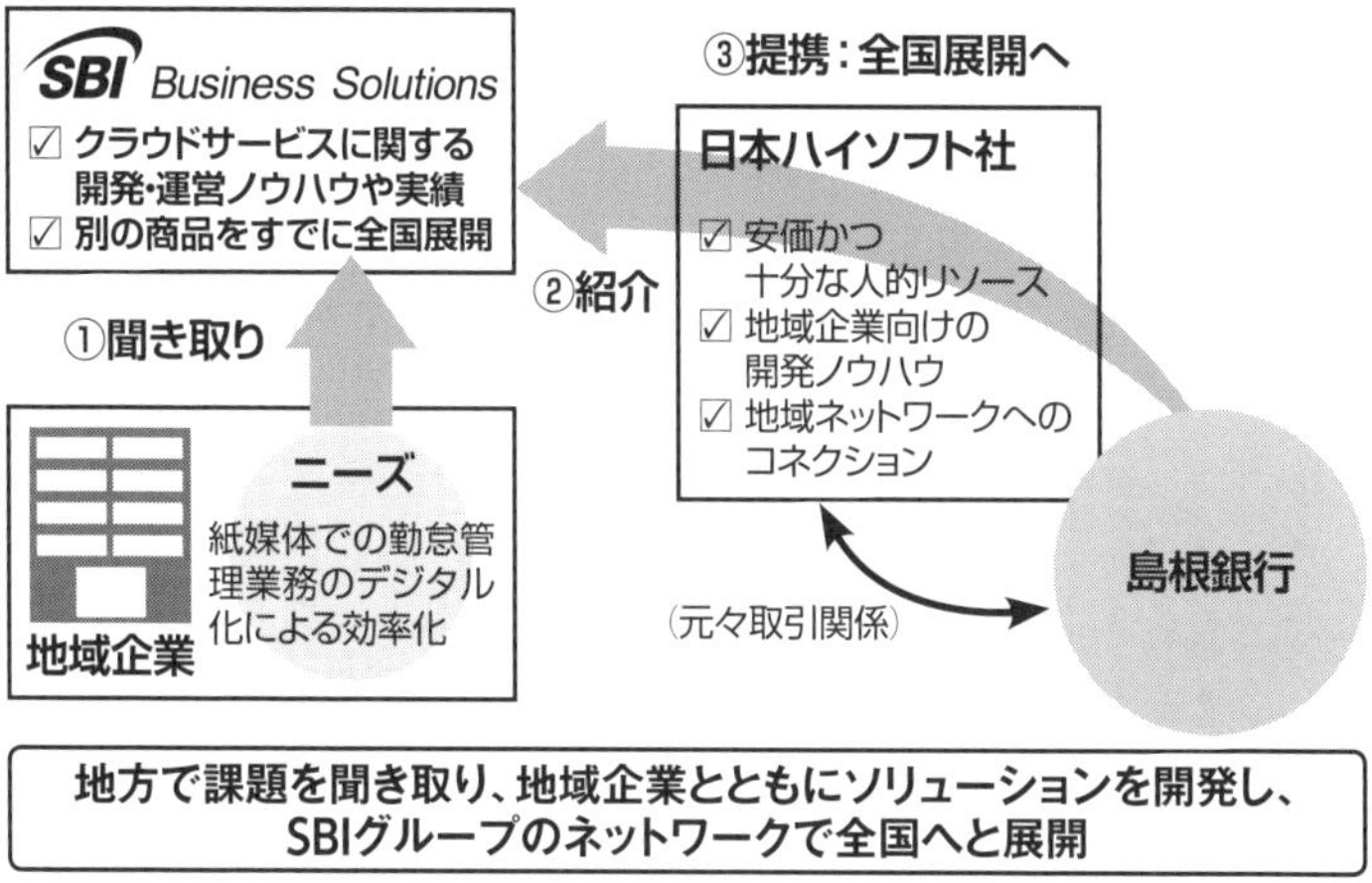

ン（DX）の着実な推進など、SBIグループとの連携を強化したことが奏功したと言えましょう（図表4－4）。

図表4－5は、地域企業のニーズを発掘し、そのニーズに応じたソリューションを提供できる地域企業とSBIグループが共同でクラウド型勤怠管理ソリューションを開発し、さらに全国展開も図る事例ですが、こうした好事例も出てきています。

（2）福島銀行

福島銀行との資本・業務提携（SBIグループの議決権ベースの株式保有比率19・

［図表4-6］**SBIグループ出資先地域金融機関との共同店舗における預かり資産と口座数の推移**

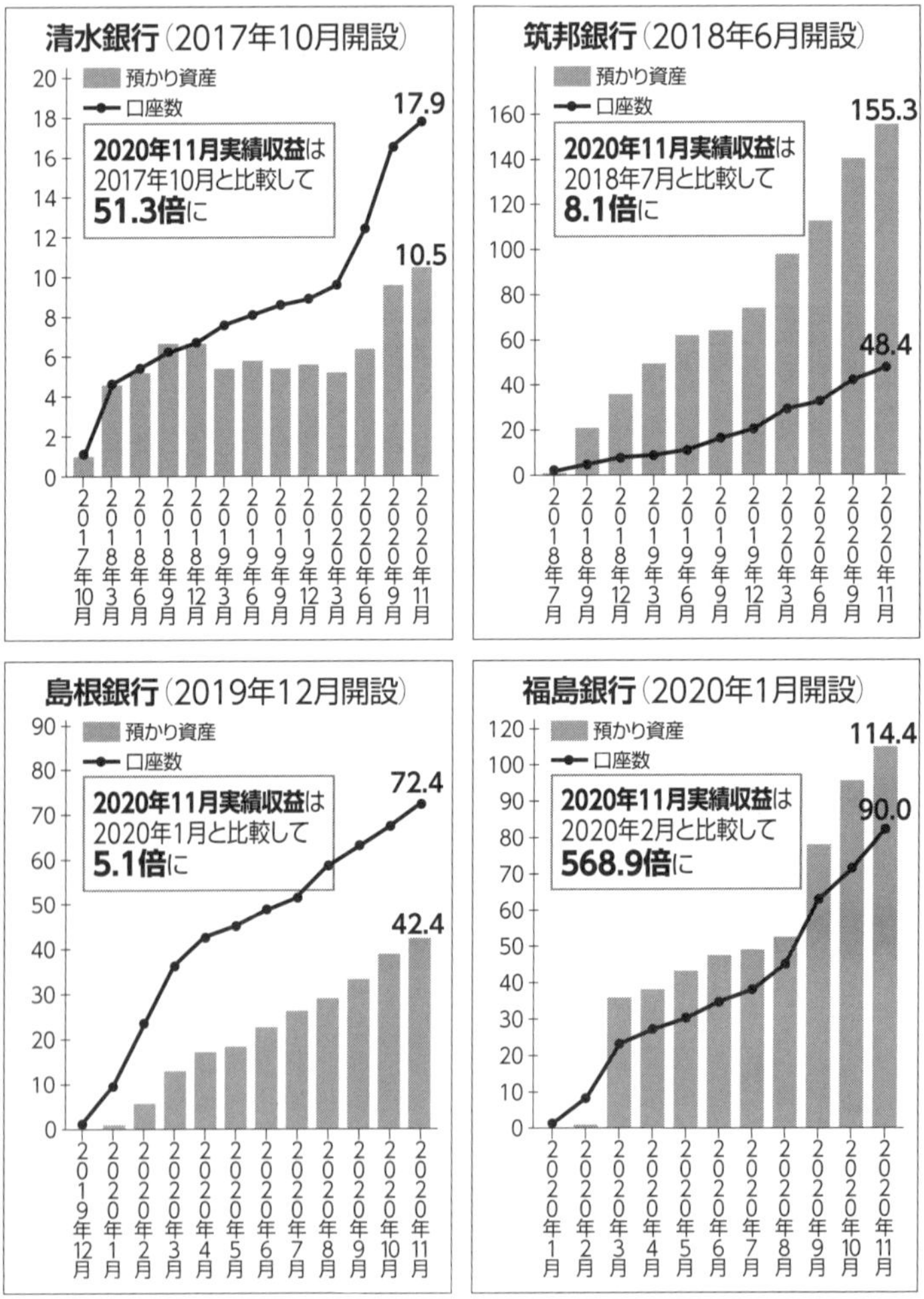

※各銀行について、共同店舗開設後、残高が初めて生じた月の数値を1として指数化

25％）は2019年11月に発表しました。その後、矢継ぎ早に連携の施策を打ち、着実に成果が上がり始めています。

たとえば、SBIマネープラザとの共同店舗は2020年1月に開設しましたが、2020年1月末時点と11月末を比較すると、口座数は約90倍、預かり資産残高は約114倍に増加しました（図表4－6）。さらに、SBI地方創生アセットマネジメントへの資産運用委託を通じた有価証券運用の高度化、バンキングアプリの導入を通じた顧客利便性の向上、SBI証券の提供する幅広い投資商品や高品質なサービスの提供、住信SBIネット銀行の幅広い商品の提供、クラウド型ワークフローシステム「承認Time」を活用した地域企業のバックオフィス業務支援の推進、地元企業に対するビジネスマッチングの促進など連携のメニューは多岐にわたっています。福島銀行自身が、「提携の効果を具現化する1年になる。連携をさらに強化したい」と決意を新たにされていますので、収益力はさらに強化されると確信しています。

（3）筑邦銀行、清水銀行

2020年に入り発表した筑邦銀行、清水銀行との資本・業務提携は、いずれもSBIグループの株式保有比率（議決権ベース）は3％程度にとどまっていますが、SBIマネープラザとの共同店舗、SBI地方創生アセットマネジメントへの資産運用委託を通じた有価証券運用の高度化などを推進しています。コロナ禍の影響はあるものの、今後支援を加速させていくつもりです。

筑邦銀行とは、九州電力も巻き込んでSBIグループの出資先企業のブロックチェーン・分散型台帳技術を活用し、プレミアム付き地域商品券を電子的に発行することによる地域産業活性化を促進する事業も展開しています。短期間のイベントにおける実証実験のほか、福岡県うきは市商工会や福岡県太宰府市が発行するプレミアム付き地域商品券（プレミアム商品券）を、電子化して発行するというものです。九州電力の提供するシステム基盤には、今後はSBIグループの投資先企業であるアメリカのR3社が開発する分散型台帳技術を使います。これによって、ポストコロナ社会に適応した形で地域経済の活性化および利用者の利便性向上を実現していくとともに、従前の紙の地域商品券で発生していた負担を軽減し、利用データを基に加盟店の利用活性化および経済循環の可視化も図っていきます。

［図表4-7］**清水銀行の上半期業績は予想を大きく上回る**

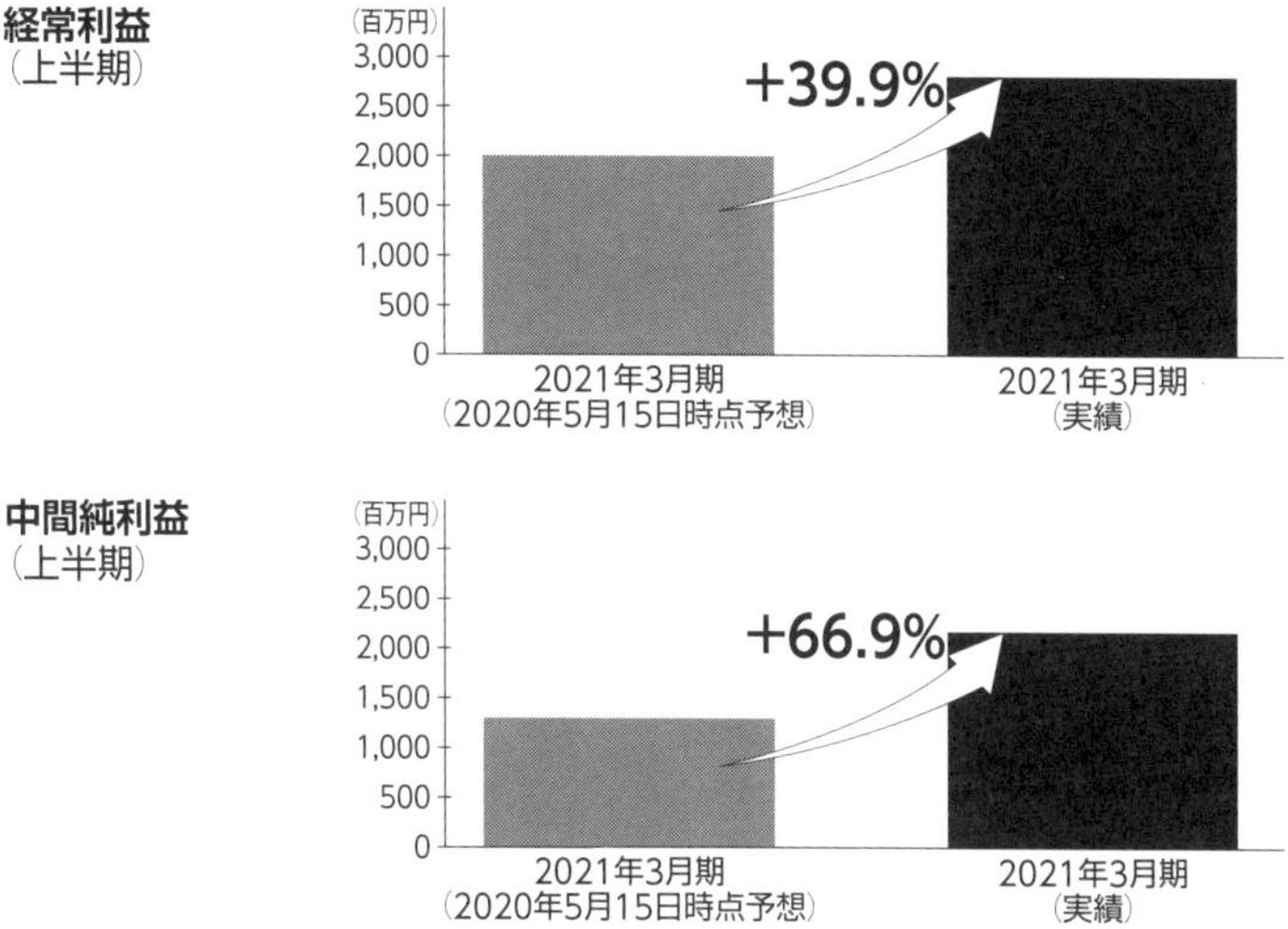

また、こうした域内経済の活性化や持続可能な街づくりに資する取り組みを強化するため、ＳＢＩホールディングス・筑邦銀行・九州電力の間で包括連携協定も締結しました。これまで蓄積してきた知見やノウハウを用いて、県外への事業展開も視野に入れています。

さらに同行とは、ＳＢＩネオファイナンシャルサービシーズの提供する「ちくぎんアプリ」に残高照会「LINE Pay」をはじめとする決済サービスなど、10以上の機能を搭載したり、ＳＢＩレミットの提供する国際送金サービスの取り扱いを通じて、県内の外国人労働者の利便性拡充と送金業務の効率化を実現したりといった連携も図っています。

清水銀行との取り組みも着実に進展し、2021年3月期上半期の業績も当初の予想を上回っています（図表4－7）。2020年9月には、法人顧客向けに共同で事業承継・M&A支援に関する専門的かつ高品質なサービスの提供を行うべく、SBI証券がM&A業務に関して業務提携しました。さらに、投資先企業とのビジネスマッチングや新技術・サービスへのキャッチアップのため、SBIインベストメントが設立・運営する「4＋5ファンド」へも出資いただいています。また、技術職・研究職といった専門人材の雇用を促進するべく、10月には清水銀行、SBIネオファイナンシャルサービシーズ、アスタミューゼ社の3社が業務提携しました。

（4）東和銀行・じもとホールディングス

2020年10月には新たに東和銀行（SBIグループの議決権ベースの株式保有比率約1％）と、11月にはじもとホールディングス（同18・19％）との戦略的資本・業務提携をそれぞれ発表

［図表4-8］**新たに東和銀行と地元企業支援を目的とした共同ファンドを設立**

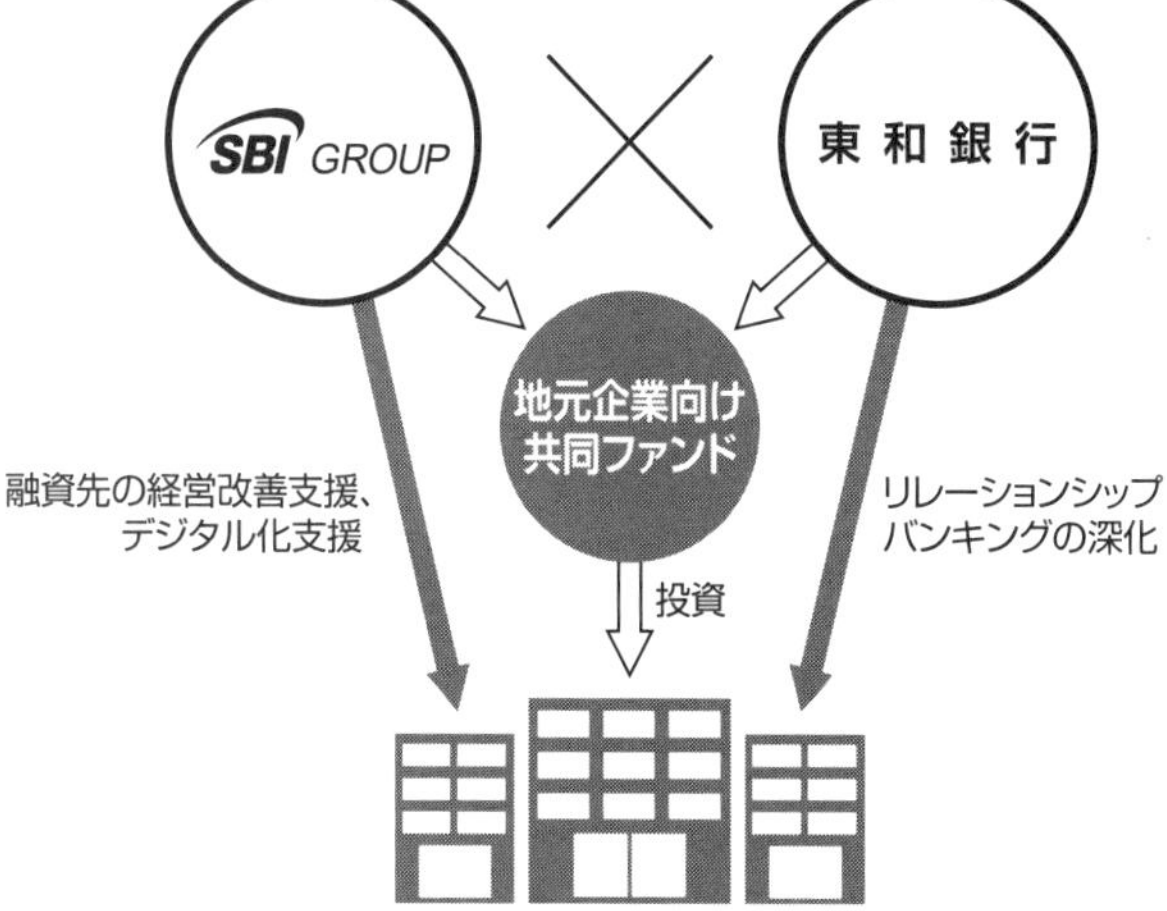

しています。東和銀行とはこれまでも多くの分野で連携を進めてきましたが、その関係性をより一層強固なものとし、ウィズコロナ／アフターコロナ時代の新しい社会を見据えて東和銀行の地元企業と個人顧客のニーズに応えるため、新たに地元企業を支援する共同ファンドを設立します（図表４―８）。地域金融機関とこうした目的で共同ファンドを設立するのは、ＳＢＩグループにとって初めてです。このファンドを通じて、東和銀行が経営実態をよく把握している地元の取引先企業に資本性資金および資本性ローン等を提供し、金

融仲介機能の強化を図ります。こうした取り組みは、東和銀行のみならず他の地域でも進めていきたいと考えており、じもとホールディングスとも傘下の各銀行の地元企業向けファンドを共同でつくる予定です。ＳＢＩグループおよびＳＢＩグループ出資先の最先端のテクノロジー・ノウハウの導入支援を行うことにより、ウィズコロナ／アフターコロナ時代に対応した地元企業のビジネスモデル変革を支援していきます。両社がハンズオンで地元企業を支援することで、３年後の政府の保証が切れてからの銀行融資先の不良債権化を極力防ぐとともに、企業活性化の促進につながると考えています。

第５章で詳記するＳＢＩグループのキーストーン・パートナース社への出資も同様の考えで決定したものです。

カギを握る資産運用の高度化とシステムコスト削減

第２章で地域金融機関が直面する課題として「資産運用の高度化」と「システムコスト」

を指摘しましたが、この2つの問題に何らかの形で手を打つことができれば、収益が減少し、結果として金融仲介機能が果たせず地域経済に貢献できないという負のスパイラルから地域金融機関は抜け出すことができるわけです。

ＳＢＩグループではこれまでも39の地域金融機関と一緒に「ＳＢＩ地方創生アセットマネジメント」をつくり、運用資産残高はわずか2年で７２００億円を突破していますが（２０２０年12月時点）、運用ノウハウの伝授や人材育成など、地域金融機関の資産運用業務をサポートしてきました。こうした取り組みもさらに強化していきます。

システムコストの削減についても、すでにお話ししたように、さまざまなメニューを持っています。ＳＢＩグループは常に最先端のＩＴをいち早く取り入れながら成長してきました。そうした技術を地域金融機関にも提供していくことで、地方創生に貢献していきたいと考えています。

第5章

地方創生に向けた新たな一手

地方創生なくして成長なし

地方創生は今や国家戦略、国家プロジェクトです。地方創生なくして日本の成長なし。安倍前総理が強調されたその考え方は菅総理にもしっかりと引き継がれています。しかし、これまで捗々《はかばか》しい進展はありません。そうしているうちにも時間は刻々と経過し、コロナ禍の中で地方の疲弊は進んでいます。

ＳＢＩグループとして地方創生に貢献できることはないか。数年前にそう考えた時、われわれが強みとするＩＴを活用した金融の先進的ノウハウこそ資すると思い、多くの地域金融機関との連携、さらには「第４のメガバンク構想」を展開してきているのはこれまでお話ししたとおりです。

ただ、地方では、金融機関のみならず、そこで生活をする住民の方々、地元の企業、地方公共団体といった経済主体も先進的なＩＴや金融技術をうまく取り入れているとは言い難い状況にあります。

たとえば、地方においては、企業のほとんどは中小企業（Small or Medium-Sized Enterprises：SME）です。しかし、そうした企業群は先進的なサービスの導入に消極的です。商圏一つをとっても地元の限られたテリトリーの中で長年商売をやってきているというケースが多く、ITを活用した全国展開のような広がりはあまり見られません。

地方公共団体も地方交付税やふるさと納税などからのお金により、「箱もの」をつくったもののうまく活用できていなかったり、ファンドを立ち上げてもパフォーマンスが悪かったりといった問題が散見されます。

こうした課題の解決にあたって、キーワードの一つは「リージョナルからネーションワイドそしてグローバルへ」だと思います。今やITを活用すれば、日本中どこにいても、誰であっても、全国、さらに言えば世界中とつながることができます。地方における経済主体である地域金融機関や中小企業が事業基盤を広げることで、地域経済が活性化し、地方創生につながっていくのです。

このような視点で課題を捉えると、SBIグループが地方創生に貢献する方法は、地域金融機関との連携だけにとどまらず、ほかにも数多くあるように思います。

一部の方からは「北尾さんは、なぜ地方創生に積極的に取り組むのですか。ＳＢＩグループにとって直接的な利益にならないのではないですか」といった質問をいただくことがありますが、私は地方創生への取り組みこそ、「公益は私益に繋がる」そのものだと確信しています。

地方創生は国家プロジェクトであり、国や大都市から地方へのヒト・モノ・カネの動きが活発化していく中で、インターネットをはじめとするＩＴに強みを持つＳＢＩグループにとっては大きなビジネスチャンスであると思っています。

一例を挙げれば、ＳＢＩ証券にしても住信ＳＢＩネット銀行にしても、これまでは大都市にお住まいのお客様が圧倒的に多かったですが、私どもが地方創生に貢献していく中で、地方にたくさんのお客様ができました。この新しいお客様の属性を見ると、会社経営者・役員の方が36％を占めています。顧客基盤の強化という観点から見ても地方創生に取り組んでいくことは大きな意味があると考えています。

4つの経済主体すべてにアプローチ

地方創生＝国家戦略という観点に立つと、地域金融機関との連携だけでは不十分です。「桃栗三年」と言いますが、これまでのわれわれの地域金融機関に対する取り組みが3年超という期間を経て、一定の成果を収めたという手ごたえを踏まえた上での「新たな一手」として、さまざまなパートナーを巻き込み多方面で地方創生を推進していくための枠組みを構築していきます。つまり、地方経済には、地域金融機関のみならず、地域住民、地域産業、地方公共団体と大きく分けて4つの経済主体があります。それらの経済主体すべてに何らかの働きかけ、アプローチをしていくということです（図表5－1）。

具体的に言えば、地域住民についてはＩＴリテラシーを上げていく必要があります。そのために、Googleが提供している「Grow with Google」というデジタルスキルトレーニングを活用し、Googleと協働で全国各地でＩＴの利便性やキャッシュレスの意義などを啓蒙するセミナーを展開していく予定です（現在はコロナ感染予防の観点から中断中）。

［図表 5-1］**地方創生には4つの経済主体の活性化が必要不可欠**

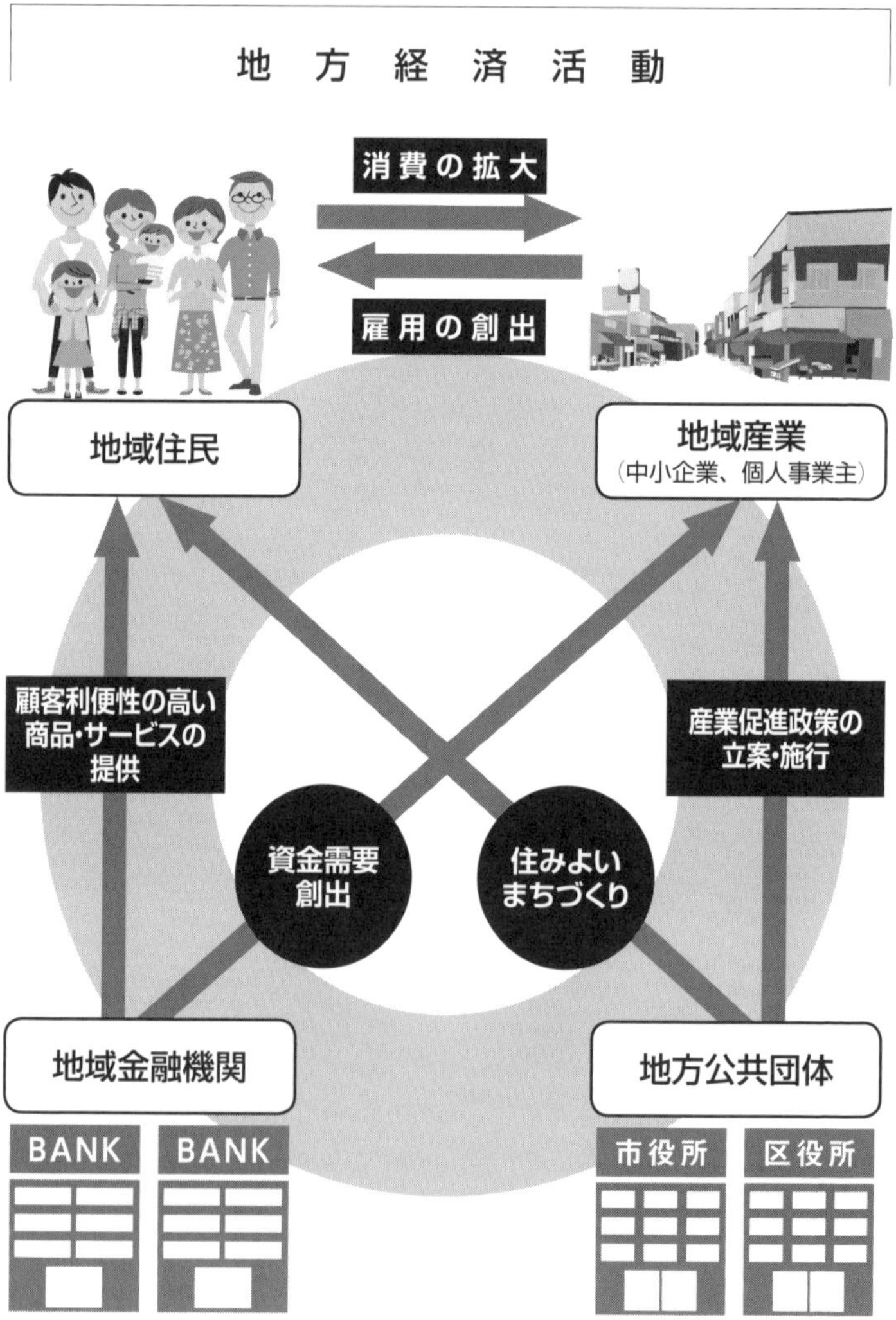

地方公共団体に関しては、その地方を活性化しようと思っていても、ヒト・モノ・カネを集めるノウハウが乏しい面があります。どういう人材が必要なのか、資金をどうやって調達するのかといったことに関して、SBIグループがさまざまなアイデアやソリューションを提供できます。地域産業の活性化に向けては、リージョナルにとどまっている商圏を、ITを活用してネーションワイドに拡大していく。そして、地域金融機関は今まで以上にわれわれとの連携を推進し、SBIグループと協力して他の経済主体に対してその活性化に向けて働きかけていただく。こうした取り組みで地域の4つの経済主体がそれぞれ活性化して初めて地方創生は具現化できるのだと思います。

ただ、SBIグループだけでこの4つの経済主体すべてにアプローチをしていくことには限界があります。そのためさまざまなパートナーを巻き込む枠組みとして創設したのが「地方創生パートナーズ株式会社」です。

地方創生パートナーズの創設

地方創生パートナーズは地域経済の活性化に直接的に貢献するための活動主体であり、地方創生のための企画・戦略を立案し推進していく母体です。2020年8月に地方創生の実現という同じ志を有するコンコルディア・フィナンシャルグループ、新生銀行、日本政策投資銀行、山口フィナンシャルグループと共同で設立しました。今後は地方創生パートナーズのもとに、SBIグループが目指す地方創生への取り組みに賛同いただけるさまざまな業種の事業会社や金融機関、地方公共団体等の英知を結集し、おのおのの経営資源を融合させることで、地方創生に資する取り組みを加速化させていくことになります。これまでは国が地方創生の旗を振る「官」主導が大きな構図でしたが、私どものような民間企業ならではのできることもたくさんあるでしょう。今後、私どもでは地方創生パートナーズを母体として、民間企業、ベンチャー企業、さらには地域住民まで巻き込んで、もっと全面的に展開していきたいと考えています。

地方創生パートナーズの資本金5億円の51%はSBIグループが出資しましたが、パートナーの皆さん全員と大局的な見地から議論を展開し、一種の公共財として民主的に事業を展開していく計画です。そういった意図から、あえて「SBI」を冠しない社名としました。アドバイザーとして地域経済、地域金融、中小企業金融に造詣が深く専門的な知見をお持ちの多胡秀人さん（一般社団法人 地域の魅力研究所代表理事）、新田信行さん（第一勧業信用組合会長）、澁谷耕一さん（リッキービジネスソリューション代表取締役）らにも加わっていただいています。

さらに、SBIグループ各社、さまざまな業種の事業会社や金融機関、地方公共団体等と連携し、地域金融機関の共通システムの開発・提供、地方産業の活性化、新たな収益機会の創出等にかかるさまざまな取り組みを具体的に推進するSBI地方創生サービシーズ社、地方創生に資するベンチャー企業への投融資などを担うSBI地方創生投融資社の2社を地方創生パートナーズ構想のもとに機能提供する主体として設立します（図表5－2）。両社とも当初はSBIグループが51%を出資しますが、メガバンクも含めて幅広く投資家の参加を募っていきたいと思っています。

［図表 5-2］SBIグループの地方創生推進の枠組み

■ 各領域・テーマごとに機能提供会社がGPを務めるファンド（匿名組合など）を組成し、資金を調達
■ ファンドに大口出資を行ったコアパートナーは機能提供会社への出資権・役員派遣権を有する

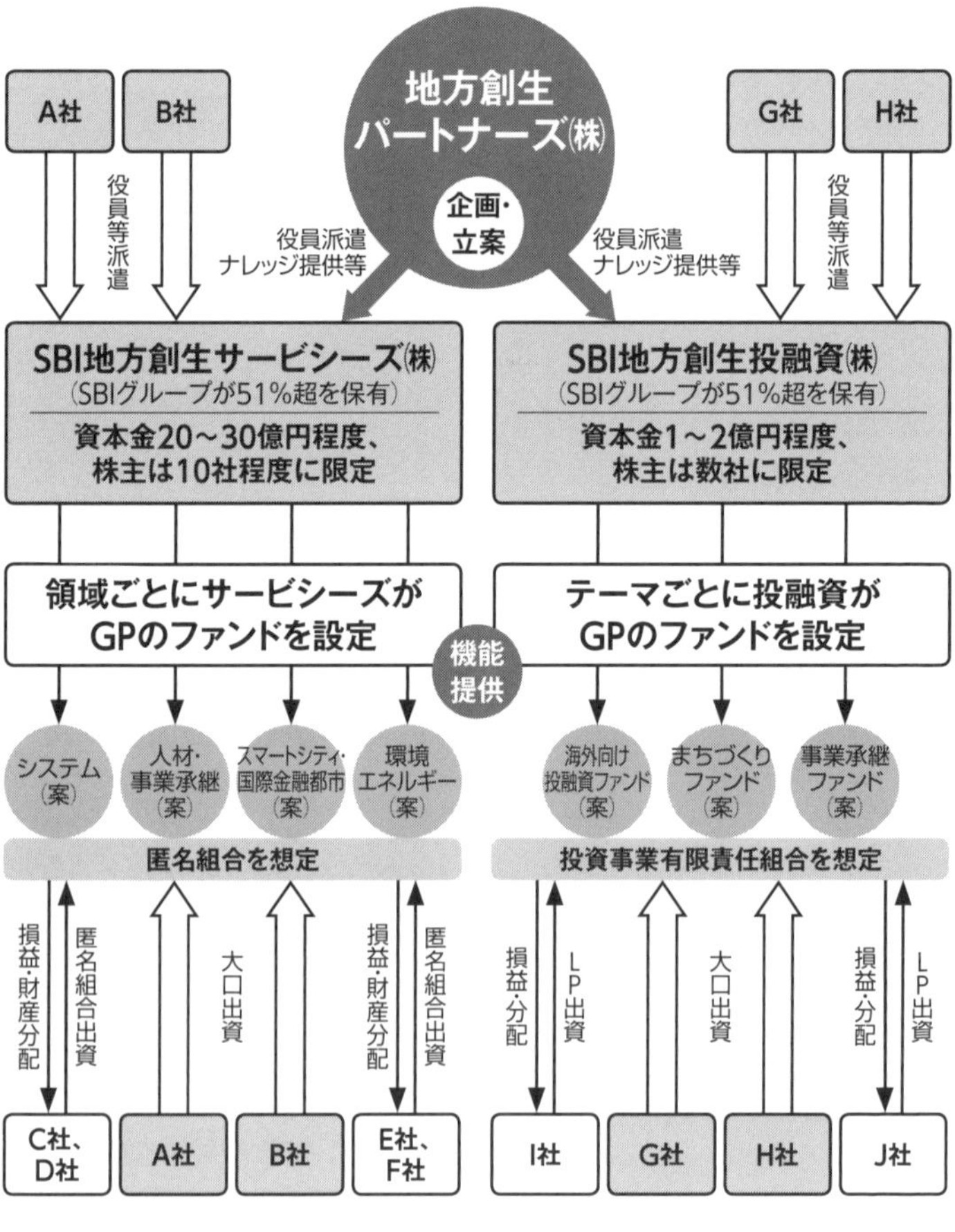

ＳＢＩグループとしてはこうした布陣で地方創生に取り組んでいきます。次に、ＳＢＩ地方創生サービシーズ、ＳＢＩ地方創生投融資の2社が具体的にどのようなサービスを提供するのかについて事例をご説明したいと思います。また、ここでご紹介する事例はあくまでＳＢＩグループが提供可能な機能の一例ですので、これらに限定することなく参加各社の機能やアイデアを集約し、固定概念にとらわれない柔軟な発想で挑みます。

ＳＢＩ地方創生サービシーズの役割

まずＳＢＩ地方創生サービシーズに対してＳＢＩグループが提供可能な機能の一例を挙げると、（1）システム固定費の変動費化を目指した金融クラウド、（2）高性能なＡＩ審査サービス、（3）ホワイトラベルのバンキングアプリ、（4）ホワイトラベルでのデジタル地域通貨発行のサポート、（5）ＡＴＭチャネルの共同化ソリューション等々です。

（1）システム固定費の変動費化を目指した金融クラウド

［図表5-3］システム固定費の変動費化を目指した金融クラウド

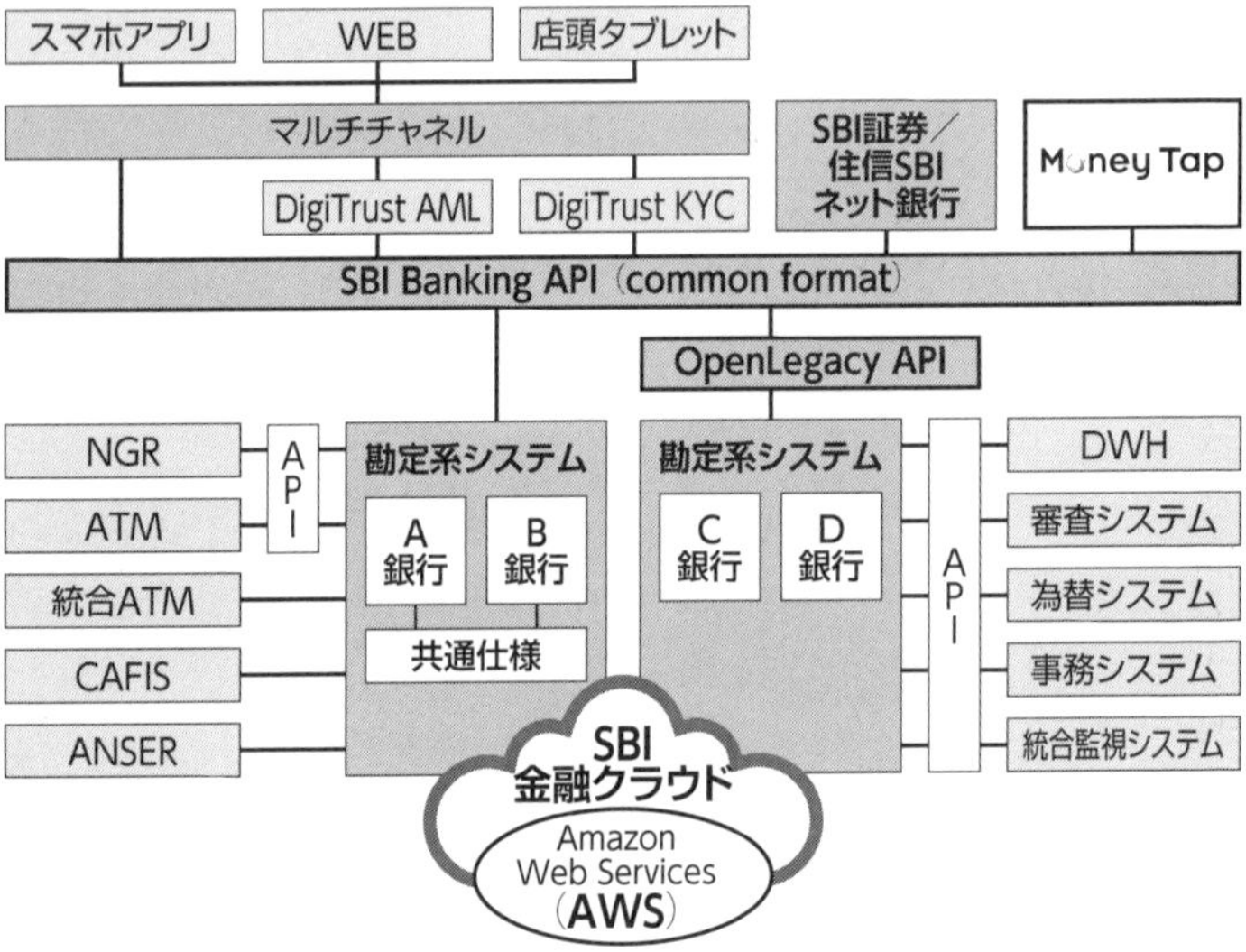

すでに指摘したように、システムコスト、特に勘定系システムの更新にかかる膨大なコストをいかにして下げていくかは地域金融機関にとって共通の課題です。この問題に対しては、AmazonのＡＷＳ（アマゾンウェブサービス）を使ったプライベートクラウドベースの勘定系システムであるＳＢＩ金融クラウドの導入を、地域金融機関の勘定系システムの更新期にあわせて切り替えを推進できるようにしていきたいと思っています（図表5－3）。これにより、今は固定費であるシステム費を変動費化でき、地域金融機関にとってはコス

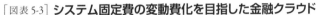

［図表5-4］**レガシーなメインフレームもAPI連携が可能に**

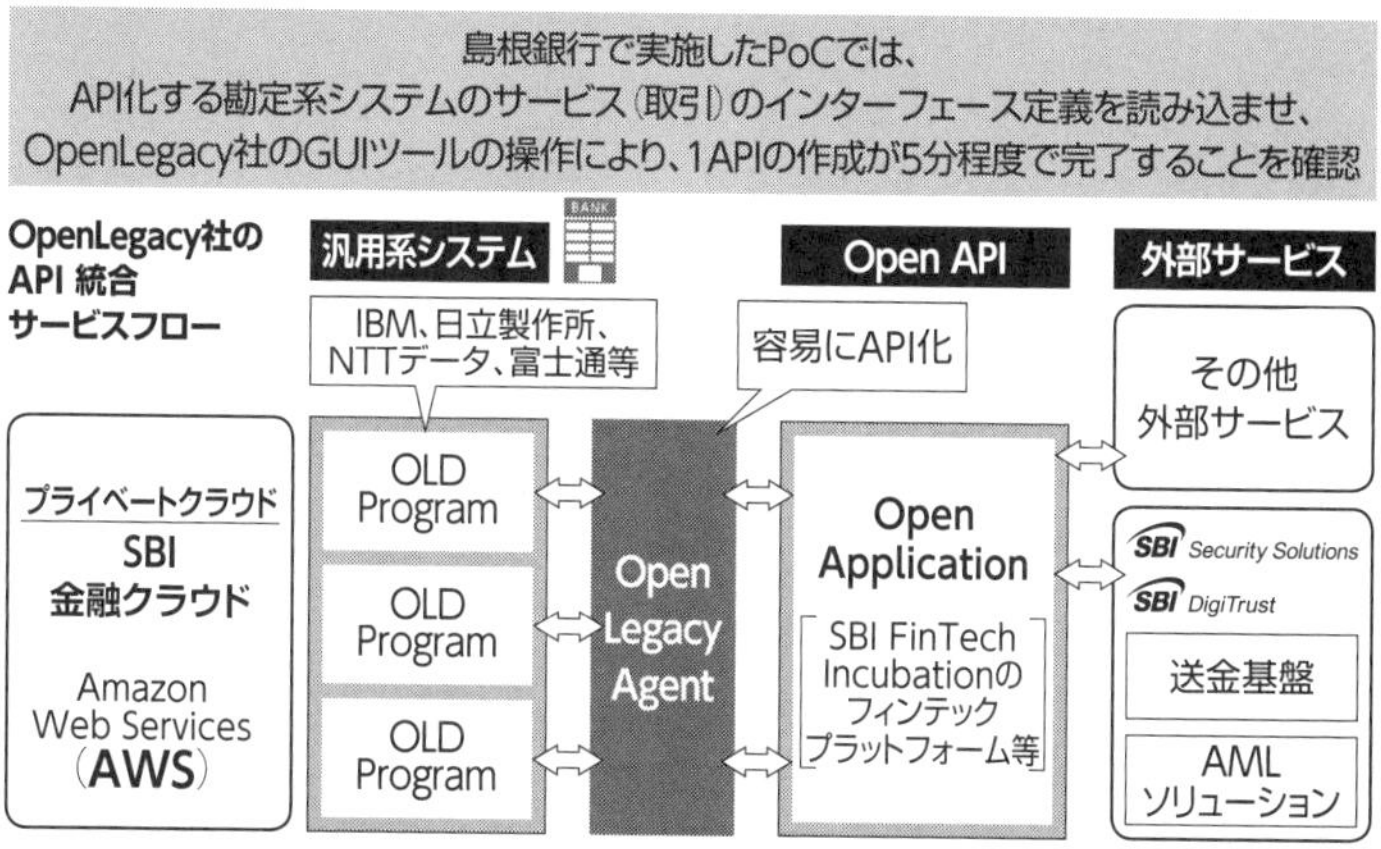

【OpenLegacy社について】
マイクロサービス基盤APIを構築し、ウェブ、モバイル、クラウドなどのデジタル世界に銀行のコアバンキングシステムを拡張させるAPI統合ソフトウェアを開発・販売するイスラエルの会社

ト削減につながります。

SBI金融クラウドにおいては、地域金融機関ごとにシステムのメインフレームがIBM、日立製作所、NTTデータ、富士通などとバラバラである現状を踏まえたAPI連携が不可欠です。こうした点についても、SBIグループが出資をしているイスラエルのベンチャー企業OpenLegacy社のAPI統合サービスを活用することで、最小限のカスタマイズでレガシーなメインフレームをわれわれのオープンAPIと連携することが可能です（図表5－4）。実際、島根銀行で実施したPoC（Proof of

Concept：概念実証）では、ＡＰＩ化する勘定系システムのサービス（取引）のインターフェース定義を読み込ませ、OpenLegacy社のＧＵＩ（Graphical User Interface：グラフィックベースの操作体系を持つＵＩのこと）ツールの操作により、１ＡＰＩの作成が5分程度で完了することを確認しています。

（2）高性能なＡＩ審査サービス

ＳＢＩグループでは２０１９年5月、日立製作所と住信ＳＢＩネット銀行の合弁によりDayta Consulting社を設立しました。日立製作所の新しい人工知能が持つ過学習回避の仕組みやブラックボックス化の回避といった技術に、住信ＳＢＩネット銀行の与信ノウハウ、データハンドリング技術を組み合わせて高性能なＡＩ審査サービスを提供しています。このサービスにより、大量のデータに基づいたより精緻な審査が可能となり、より多くのお客様の融資のご要望にお応えすることに加えて信用コストの削減が期待できます。すでに数行の地銀でサービスの導入が内定しており、今後2、3年以内に数十行での採用を目指しています。

［図表 5-5］**筑邦銀行が導入したホワイトラベルのバンキングアプリ**

☑ 銀行の窓口機能を低コストで提供
☑ API対応に応じて、SBIグループ投資先のさまざまなフィンテックサービスを活用した機能拡張が可能

将来的には資金決済情報などに基づいて審査をサポートするトランザクションレンディングや、多重債務防止の観点からより精緻な審査が求められるカードローンなど、ＡＩ審査サービスの適用分野の拡大を計画しています。

⑶ ホワイトラベルのバンキングアプリ

ＳＢＩネオファイナンシャルサービシーズ社では銀行の窓口機能を代替するホワイトラベルのバンキングアプリを提供しています。すでに9行で導入されており、さらに2行で導入が決定

しています。導入した地域金融機関では、自行で開発した独自のアプリのような形式でお客様に提供することが可能です（図表5－5）。

このアプリの特徴は、API対応に応じてSBIグループ投資先のさまざまなフィンテックサービスを活用できるという機能拡張の柔軟性を持っている点です。地域金融機関のフィンテック対応は残念ながら周回遅れの状況です。収益環境が厳しい中システム投資の中心はメインフレームの維持・改修に偏りがちで、フィンテックに投資する余力は乏しいのが実状でしょう。その点、このアプリの導入により、低コストで先進的なフィンテックサービスを導入しお客様に提供することが可能となります。

（4）ホワイトラベルでのデジタル地域通貨発行のサポート

SBIグループは国内の複数の地域でデジタル通貨の発行を支援しています。

筑邦銀行による地域通貨「常若通貨」の発行をはじめ、福岡県太宰府市商工会や福岡県うきは市商工会におけるプレミアム付き電子地域商品券の発行をサポートしたのはその一例です。

デジタル地域通貨に関しては、従来は投資先国内ベンチャー企業の技術を使用してきま

［図表 5-6］**経営効率化を促進するATMチャネルの共同化ソリューション**

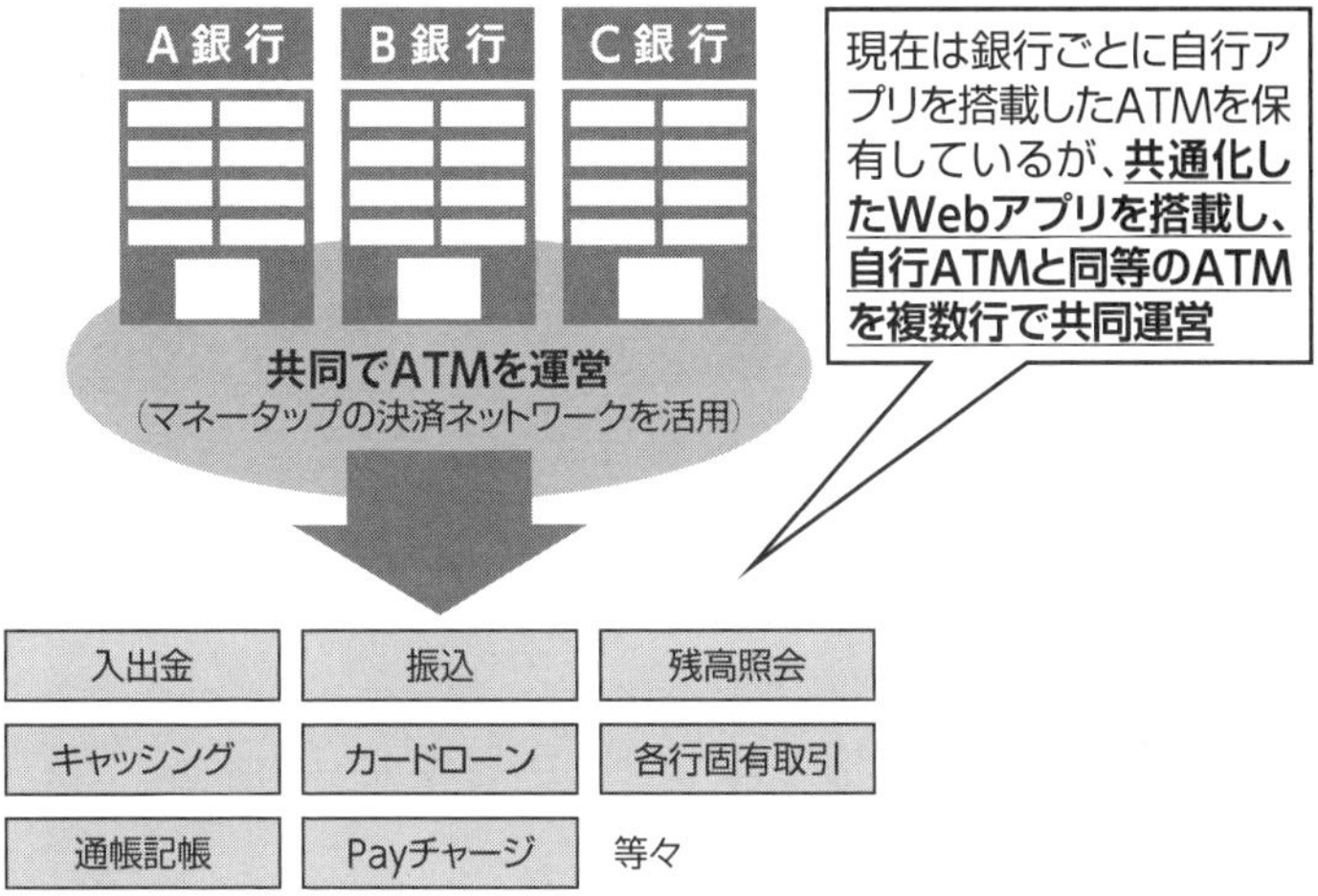

したが、今後はＳＢＩグループが提携しているアメリカのＲ３社が開発・提供するCorda上でデジタルトークンを発行・流通させる仕組みを活用し、他の地域においてもデジタル地域通貨の発行を促進していきます。

(5) ＡＴＭチャネルの共同化ソリューション

第2章でＡＴＭの開発・改修費用が地域金融機関のシステムコストを増大させているとお話ししましたが、現在は地域金融機関ごとに保有しているＡＴＭを共同化できれば大幅なコストダウンが実現できます。

この点に関してSBIグループでは、日本ATM社のソリューションを活用し、2024年の新札発行に伴うATM更新のタイミングや通帳の定型化ニーズ等を捉え、次世代ATMの導入を推進していく計画です。あわせて、24時間365日稼働しているATMのオペレーションセンター、コールセンター業務の共同化についても検討しています（図表5－6）。

SBI地方創生投融資の役割

次にSBI地方創生投融資ですが、地方創生に資するベンチャー企業への投融資を担うのはもちろんのこと、SBIグループが提供してきた運用機能をさらに高度化し、地域金融機関に提供していくことを予定しています。

現在、SBIグループにおける地域金融機関などからの資産運用受託額は1兆7500億円を突破しています。このうち、地域金融機関39行が共同出資するSBI地方創生アセットマネジメントの運用資産残高は約7200億円を占めています（2020年12月18日時点、

［図表 5-7］ **地域金融機関からの受託運用資産の推移**

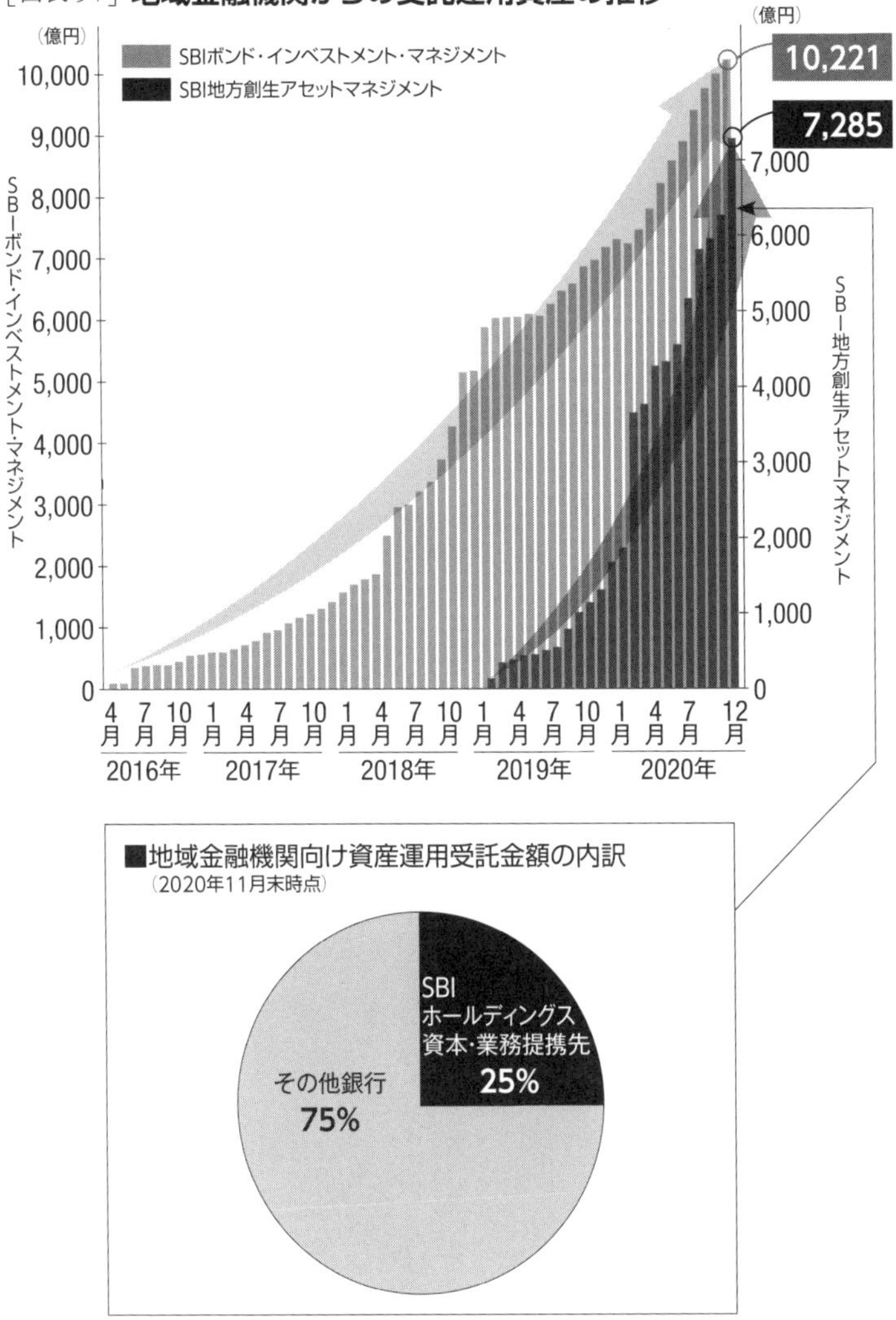

図表5−7)。

ここで注目すべきは、資産運用を受託している地域金融機関の顔触れです。SBIホールディングスの資本・業務提携先は全体の25%だけで、残りの75%はそれ以外の地域金融機関が占めています。このことは、それだけ多くの地域金融機関がわれわれの運用力を借りたいと思っているということを意味しています。

そうした地域金融機関のニーズに対して、SBIグループとしてはIPO前の地方のベンチャー企業などへの投融資機会の創出や、SPC(Special Purpose Company)を通じた国内外のさまざまな事業への協調投融資機会の提供を積極化させていきます。

また、日本と海外の金利差に着目したアービトラージビジネスを地域金融機関に仲介・紹介することも行っています。

これは一例ですが、コロナショックでマーケットが急落し、利回りが30%を超えるような債券が続出しました。地域金融機関ではそうした情報を入手したり、仮に入手できたとしても吟味し投資を実行したりするにはかなり高いハードルがあります。こうした案件に対して、SBIグループが仲介することで、地域金融機関における資産運用の幅を広げることができます。

SBIグループでは東南アジアを中心に、幅広く強固なネットワークをつくり上げてきました。たとえば、カンボジアでは、日本の証券会社の中で唯一、証券事業のフルライセンスを持っています。そうしたネットワークから得られる独自の情報をもとにSPCを設立し、高利回りの収益機会を提供しています。

地方の不動産の有効活用

所有者不明土地問題や駅前シャッター街といった言葉がしばしば話題になりますが、地方において遊休不動産をどう有効活用していくかは、地方の活性化に直結する大きな問題です。地域金融機関も店舗統廃合によって生じる遊休不動産をどうするのか、有効活用されていない取引先の不動産に関してどういったアドバイスをすれば良いのかなどといった悩みも抱えています。

SBIグループでは、すでに商業施設等の誘致を通じた地域開発に取り組んでいます。飲食店・ホテルなどの企画・運営で実績のあるバルニバービ社と連携し、さびれていた地域に建設した飲食店を中核として、宿泊施設や商業施設を誘致することでその地方の活性化につなげるプロジェクトを手がけ始めました。

コロナ禍もあり、今後、デベロッパーの主戦場は東京から地方の中核都市へと移っていくことも予想される中、SBIグループとしてはこれまでのノウハウを活かし、大手デベロッパーなどとコンソーシアムを組み、共同でオフィスビル、ホテル、コールセンター、テレワーク用施設の誘致、遊休不動産の売却支援、不動産を活用したストラクチャード・ファイナンスの提案などの施策に取り組んでいきます。

また、2020年9月にはSBIグループが資本・業務提携を行っている島根銀行の本店ビルの中に、SBIプロセス・イノベーター社のBPO（Business Process Outsourcing）センターを設けました。SBIプロセス・イノベーターは、主にRPAやAI-OCR（AIを取り入れた光学文字認識機能）といったテクノロジーを活用したBPR（Business Process Re-engineering）やBPO、コンサルティングを手がける会社です。島根銀行の本店ビル内を拠点とする

「SBIプロセス・イノベーター　島根BPOセンター」の設立は、新たな雇用創出や地域企業の業務効率化にも貢献できると考えています。

事業承継問題への取り組み

事業承継問題は、22兆円のGDPの損失にもつながりかねない重要な社会課題であることは第2章で述べたとおりです。この問題に対しSBIグループでは、M&Aのマッチングプラットフォームを運営するトランビ社と連携し、幅広い事業承継・M&Aの機会を提供しています。トランビ社のM&Aマッチングプラットフォームの特徴は、オンラインであることと、小規模の案件のマッチングに特化していることです。そのため、スピーディかつ低コストでの事業承継を提案でき、地方企業のニーズに合致していると思います。

ただ、オンラインを活用してもM&Aでは売り手と買い手をマッチングさせるまでに相応の時間がかかりますし、その成功確率も決して高くはありません。そこで、黒字経営にもかかわらず、後継者不在等により廃業せざるを得ない全国の中小企業をサポートする仕組みとして、SBI地域事業承継ファンドを設立しました。資金面・人材面において、地域を超えたSBIグループのネットワークを活用し、企業価値の向上を支援していきます。同1号ファンドは100億円超でスタートしており、2号、3号と続けながら、最終的には1000億円規模にまで拡大していきます。すでに2020年3月に調剤薬局を運営する徳島共和薬品社に第1号の投資を実行し、同社を通じて中小調剤薬局へ投資をしていくスキームで、地方の中小調剤薬局の存続をサポートするのが狙いです。このスキームですでに大阪の調剤薬局2社、千葉の調剤薬局1社等を買収しています。

また最近では、神明ホールディングスと提携し、米穀卸売業を営む浜松米穀への投資も同ファンドから実行しました。本件は資本・業務提携行である清水銀行から、取引先である浜松米穀の事業継続と業容拡大を支援すべく紹介を受けたものであり、今後の資金面の支援も含めて、清水銀行による地域活性化への貢献とSBIグループの地方創生戦略の連携成果の一つであると考えています。

融資を通じた中小企業支援の強化

事業承継問題のみならず、コロナ禍を受け地方の中小企業は今後さらに厳しい経営環境にさらされるでしょう。

そうした中小企業の支援において、ＳＢＩグループは２０２０年10月に企業再生・成長支援を目的とする投融資ファンドの管理・運営を行うキーストーン・パートナース社を持分法適用会社化しました。

キーストーン・パートナース社は再生案件だけでなく、潜在的に大きな成長力を持つ優秀な中堅中小企業に対するコーポレートローン（事業・企業融資）とハンズオンでの支援において、豊富な経験と深い知見を有しています。ＳＢＩグループ、キーストーン・パートナース社、地域金融機関が連携することで、中小企業支援の強化を図れます。

たとえば、地域金融機関の融資先の中小企業に対して、キーストーン・パートナース社が直接コーポレートローン、プロジェクトファイナンス、事業承継M&A等を提案できま

［図表5-8］SBIグループ、キーストーン・パートナース社、地域金融機関の連携による中小企業支援

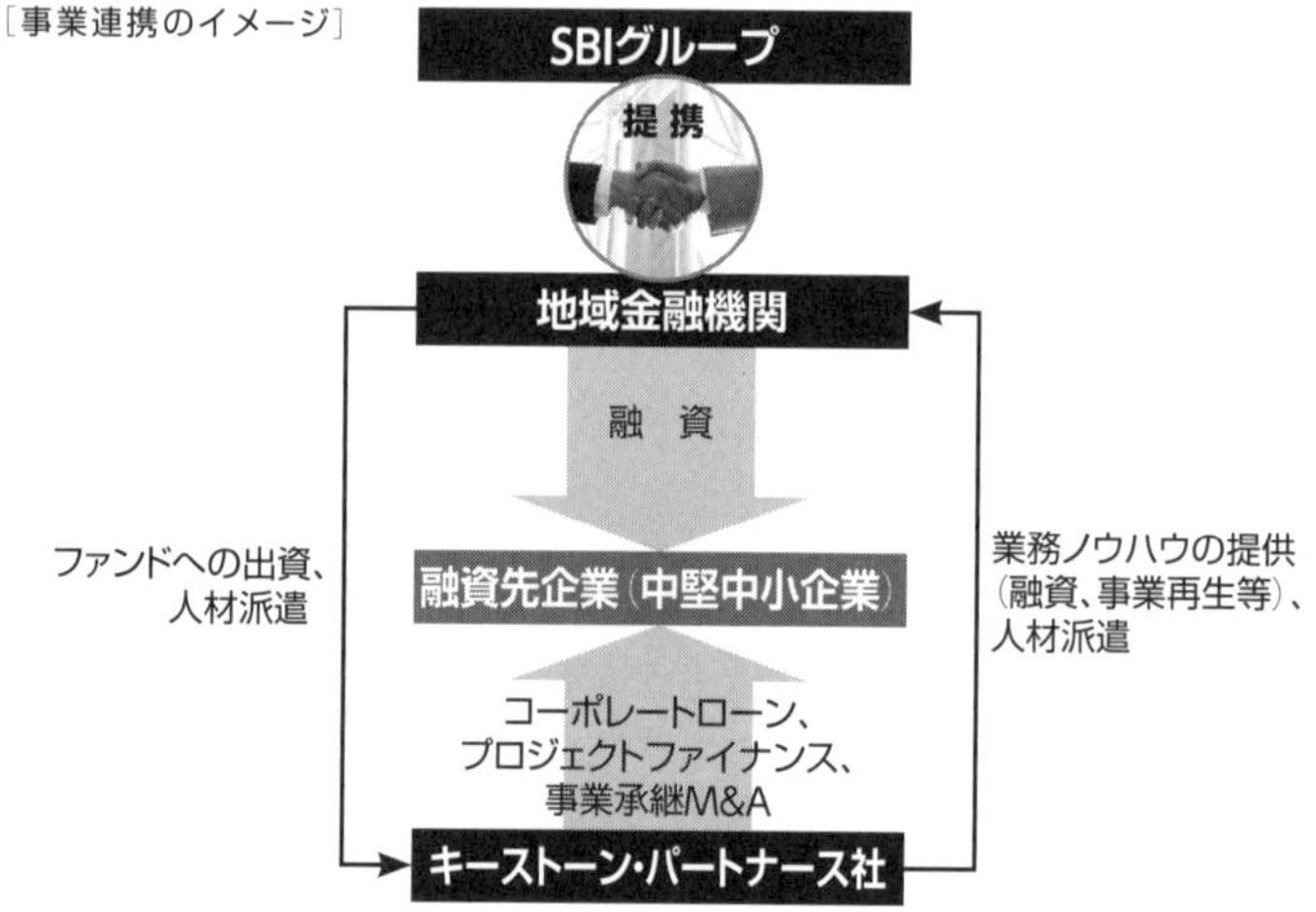

す。さらに地域金融機関とキーストーン・パートナース社間での人材交流、同社からの融資・事業再生等に関する業務ノウハウの提供なども考えられます（図表5－8）。

第6章

コロナ時代の地方創生

人類とウイルスとの闘い

２０１９年12月に中国・武漢市で原因不明の肺炎が発生してからちょうど1年が経ちました。新型コロナウイルスと名付けられたこの新しい感染症は、瞬く間に世界中に広がり、経済活動は停止しました。この本を執筆している２０２０年12月時点での世界全体の累積感染者数は７６００万人を超え、死者数も１６８万人に達しています。その内アメリカとヨーロッパ諸国が多くを占める一方、当初世界中の感染者の大半を占めていた中国は今やトップ10にも入らないほど状況は様変わりしました。

こうした中、各国が打ち出したのがロックダウン（都市封鎖）といった人々の移動・外出等の極端な制限であり、感染拡大の抑え込みと引き換えに、世界経済は「世界恐慌以来」と言われる水準にまで落ち込みました。経済活動の停止と個人消費の大幅な落ち込みによってフルタイムに換算すると5億人分に近い職が突如として消滅したとされます。ヒトとモノの動きが止まり、世界貿易は凍りつきました。主要国の２０２０年の経済成長率（前

［図表 6-1］**主要国の実質GDP成長率**（四半期ベース、前期比年率）

	2020年	
	1-3月期	4-6月期
日　本	▲ 2.2	▲28.1
アメリカ	▲ 5.0	▲32.9
イギリス	▲ 7.7	▲59.8
ド イ ツ	▲ 8.6	▲34.7
フランス	▲19.7	▲44.8
イタリア	▲19.6	▲41.0
（ユーロ圏）	▲13.6	▲40.3

（出所）各国政府

［図表 6-2］**世界の貿易・生産**（月次）

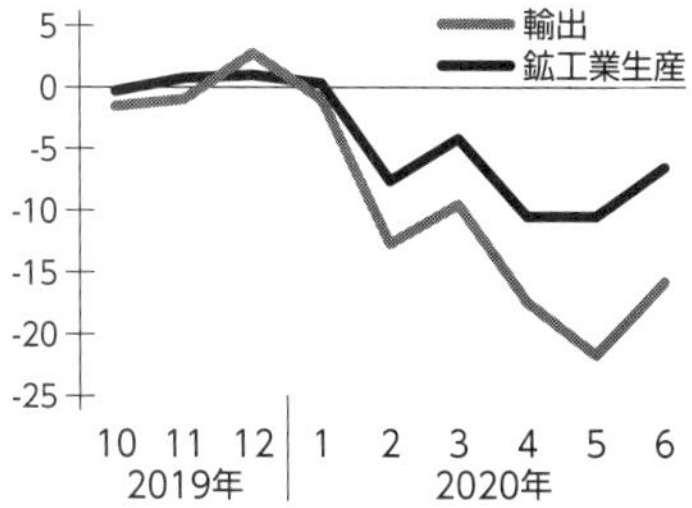

※ 日米独中の4カ国の前年比をGDPで加重平均。直近は2020年6月
（出所）三菱総合研究所

期比年率）は、すでに大幅マイナスを記録した第1四半期に続き、第2四半期も30～60％の落ち込みとなりました（図表6－1、6－2）。

日本でも一時、感染者数が急増し、全国に緊急事態宣言が発せられました。その結果、国内の生活・経済活動は甚大な影響を受け、2020年4～6月期の実質GDP成長率は前期比年率換算で▲28・1％と、リーマンショック直後の2009年1～3月期の▲17・8％を大きく超えるマイナス成長を記録しました（図表6－3）。

人類は太古の昔から感染症やウイル

［図表6-3］**日本の実質GDP成長率の推移**（前期比年率、寄与度）

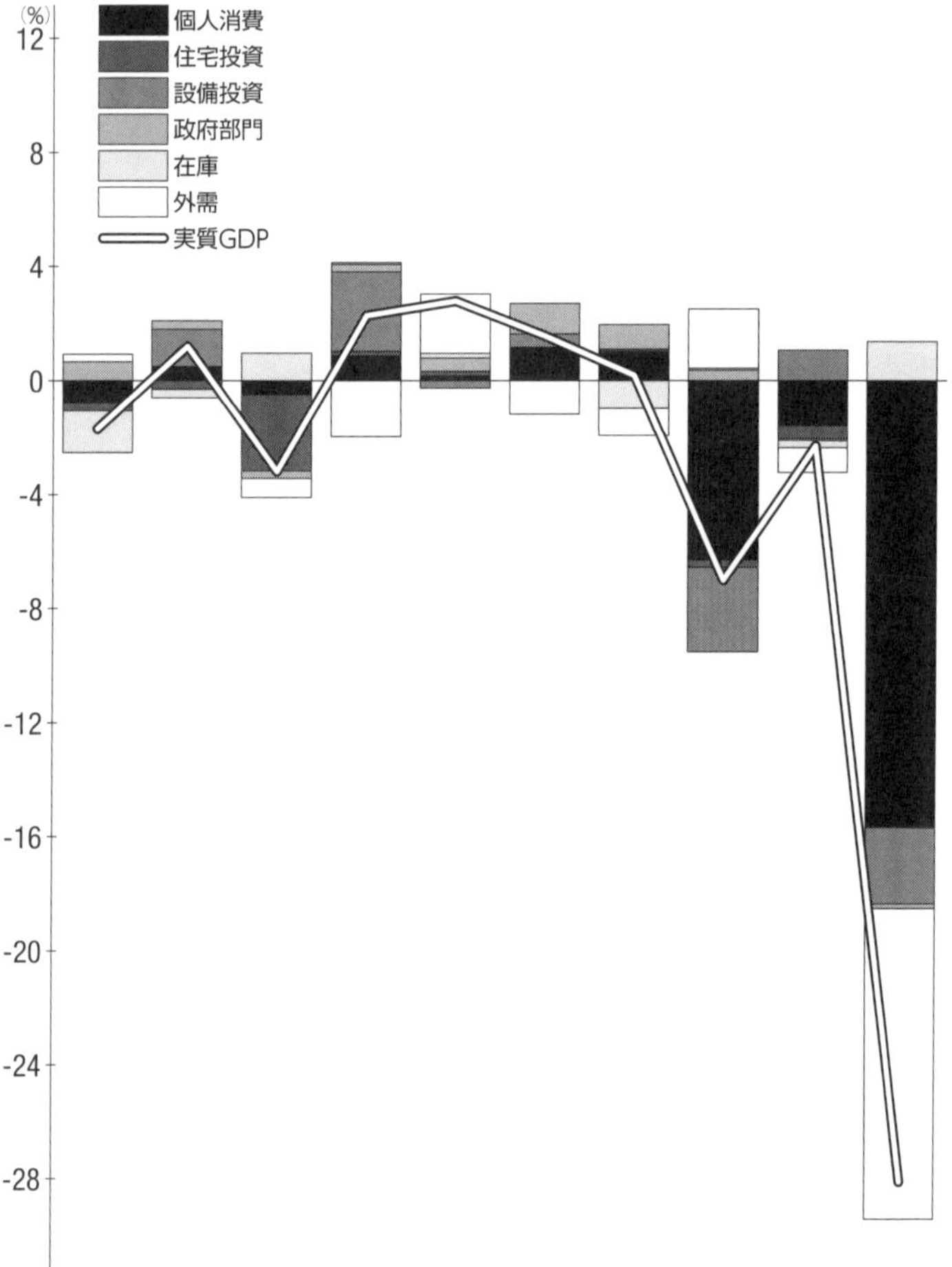

（注）2020年4-6月期2次速報値（2020年9月8日 内閣府発表）をもとに作成。
（出所）内閣府「国民経済計算」

スと闘い、それが医学を進歩させ、また公衆衛生の向上につながってきました。しかし人間がワクチンを開発すれば、その裏をかくようにウイルスは「新型」で攻撃してくる、その繰り返しです。

2000年代に入ってからだけでもSARS（重症急性呼吸器症候群）、MERS（中東呼吸器症候群）の感染拡大に見舞われ、そして今回は「新型コロナ」が襲ってきました。新型コロナウイルスのワクチンができたとしても、人類とウイルスの闘いは終わることがないと思います。しかし、ウイルスに襲われ社会構造の変化を強いられた場合でも、柔軟に適応し、新たな生活や様式を生み出してきたのもまた人類の歴史です。

顕在化するお客様のニーズの変化

日本では新型コロナ感染拡大に関して、一時期、「感染したら大変なことになる」という意識が広がり、毎日発表される感染者数で一喜一憂したり、国民や企業の行動が大げさに左右されたりするという状況に陥ってしまっていたのではないかと思います。

実際、政府の政策担当官も「連日の報道で「コロナは怖い」というイメージがかき立てられることによって、必要以上に経済活動がシュリンクしてしまっている。（中略）いま必要なことは、コロナを「正しく恐れる」よう意識と行動を転換することだ。（中略）新型コロナの災禍は、つまるところ人々の過剰な恐怖心がつくり出した経済危機とも言える」と述べています（注1）。

コロナ禍が長引くほど、感染対策と経済活動をいかに両立させていくかが重要となってきます。その際、新型コロナウイルスを「正しく恐れ」、コロナ禍ですでに大きく変わりつつある経済・社会や産業構造の動きを、いかにして成長のエンジンとしていくかが問われています。「新常態」「ニューノーマル」とも呼ばれる新しい社会生活・活動の「かたち」はさまざまな場面ですでに顕在化しています。

第1章でご紹介したように、この間のSBI証券における新規口座開設数やSBIインシュアランスグループ各社の保有契約数の急増も、コロナ禍における個人の投資・消費行動でインターネット金融サービス選好が顕著になったことがその背景にあると考えています。

つまり、①ステイホームや経済低迷により、多くの人が所得減となり、将来への不安が高まる中、資産形成の重要性が認識され、NISA（少額投資非課税制度）やiDeCo（個人型確定拠出年金）による投資が活発化したこと、②新型コロナ感染症拡大により、「死」「入院」といったキーワードが身近になり、保険商品のニーズが高まったこと、③感染拡大防止と経済活動再開の両立についての議論が活発となり、「コロナ後」を見据えた投資銘柄・テーマの選別が強まったこと——といったお客様のニーズの変化が見られます。

（注1）週刊金融財政事情 2020年8月31日号
内閣府大臣官房審議官　江崎禎英「新しい消費のかたちが日本経済を強くする」

分散型社会への転換

世界経済、日本経済を第二次世界大戦後最大の危機に陥れた新型コロナ感染拡大は、「事前にほとんど予測できず、実際に起きてしまうとその衝撃は極めて大きく、深刻な危機を招く事象」という意味で、まさに「ブラック・スワン（Black Swan、黒い白鳥）」型事象です。

それと同時に「グレー・リノ（Gray Rhino、灰色のサイ）」、つまり「高い確率で存在し、もし顕在化すると大きな問題を引き起こすにもかかわらず、普段は軽視されがちな材料（問題）」があぶりだされました。行政手続きにおけるデジタル化の遅れ、ハンコ主義による非効率な手続きの常態化などはその典型例と言えます。

大都市、東京への人口一極集中という古くて新しい問題も、新型コロナをはじめとするウイルスの感染拡大防止という点からすると「グレー・リノ」の一つと言えます。戦後、日本はとりわけ東京が政治・経済を引っ張ることで成長を続けてきました。しかし、コロナ禍において、諸機能が集中し、企業が最も集積し、人口も多い東京の感染者数が全国の中でも圧倒的に高い水準で推移しているのはご存じのとおりです（図表6－4、図表6－5）。

東京一極集中の問題については、首都直下型地震をはじめとする災害リスクなどはこれまでにも各方面で指摘されてきましたが、コロナ禍でさらに感染症に関するリスクも顕在化したと言えます。今度こそ、分散型社会への転換に本気で取り組む必要があります。

［図表6-4］**都道府県ごとの人口密度**

（単位：人/㎢）

都道府県	人口密度	都道府県	人口密度	都道府県	人口密度
北海道	68.6	石　川	275.7	岡　山	270.1
青　森	135.6	福　井	187.7	広　島	335.4
岩　手	83.8	山　梨	187.0	山　口	229.8
宮　城	320.5	長　野	154.8	徳　島	182.3
秋　田	87.9	岐　阜	191.3	香　川	520.2
山　形	120.5	静　岡	475.8	愛　媛	244.1
福　島	138.9	愛　知	1,446.7	高　知	102.5
茨　城	478.4	三　重	314.5	福　岡	1,023.1
栃　木	308.1	滋　賀	351.7	佐　賀	341.2
群　馬	310.1	京　都	566.0	長　崎	333.3
埼　玉	1,913.4	大　阪	4,639.8	熊　本	241.1
千　葉	1,206.5	兵　庫	658.8	大　分	183.9
東　京	6,168.7	奈　良	369.6	宮　崎	142.7
神奈川	3,777.7	和歌山	203.9	鹿児島	179.4
新　潟	183.1	鳥　取	163.5	沖　縄	628.4
富　山	251.0	島　根	103.5		

（出所）総務省「人口密度（都道府県別）2015年」

内閣府は2020年6月、「新型コロナウイルス感染症の影響下における生活意識・行動の変化に関する調査」を発表しましたが、それによると、年代別では20歳代、地域別では東京都23区に住む人たちの地方移住への関心が高まっていることがわかります（図表6－6）。

地方創生と分散型社会の実現はまさに一体となって進めるべき施策です。コロナ禍で地方への関心が高まっている状況は、各地域が持つ強みや特色を活かした新しい産業の育成機運を高め、地方創生を推進する国民的コンセンサ

［図表6-5］**都道府県別にみた人口100万人当たりの新型コロナウイルス感染者数**（2020年11月10日現在）

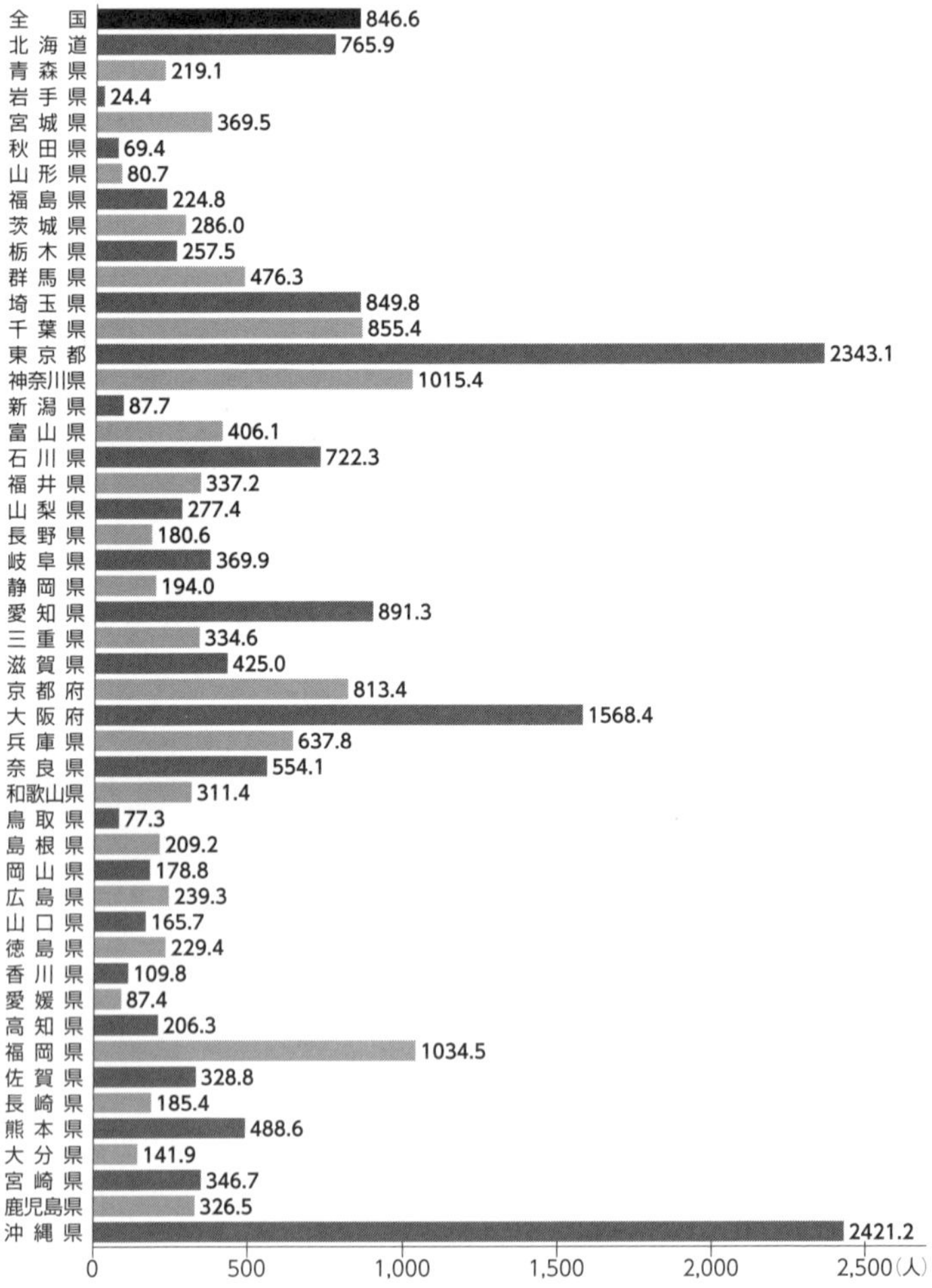

（出所）札幌医科大学医学部附属フロンティア医学研究所ゲノム医科学部門
https://web.sapmed.ac.jp/canmol/coronavirus/japan.html

［図表 6-6］**地方移住への関心の高まり**

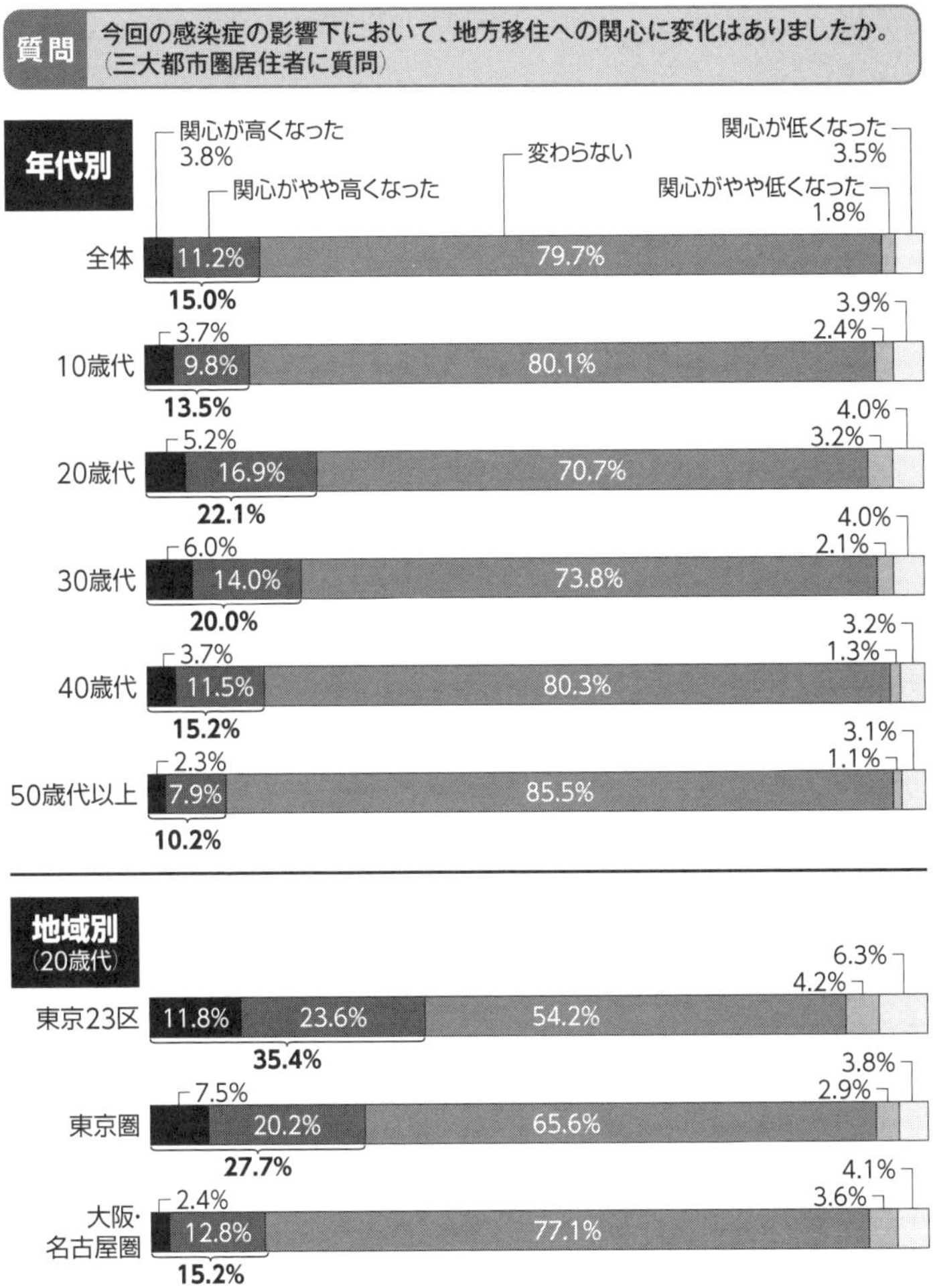

※　三大都市圏とは、東京圏（東京都、埼玉県、千葉県、神奈川県）、名古屋圏（愛知県、三重県、岐阜県）、大阪圏（大阪府、京都府、兵庫県、奈良県）の1都2府8県。
（出所）内閣府「新型コロナウイルス感染症の影響下における生活意識・行動の変化に関する調査」（2020年6月）

スを得やすいタイミングだと私は捉えています。私は10年前に自身のブログで「東京一極集中という現況を改善して行くことが、日本経済、特に内需を刺激することに繋がる一つの大きな柱になり得ると思います」と主張したのですが（注2）、コロナ禍を踏まえ、SBIグループが地方創生＝地方分散型社会の実現に貢献したいとの思いをさらに強くしています。

（注2）北尾吉孝日記『私の国土ビジョン～「地方分権」を超えて～』２０１０年9月3日

スーパーシティ構想の実現を

分散型社会の実現を考える場合に参考になるのはドイツです。

学生時代も含め、私はドイツのほとんどの都市を訪ね歩きました。首都ベルリンだけでなく、ハンブルク、フランクフルト、デュッセルドルフなど、ドイツという国は、国内の

［図表6-7］**ドイツは地方の産業育成・活性化を目的に「産業クラスター」政策を実施**

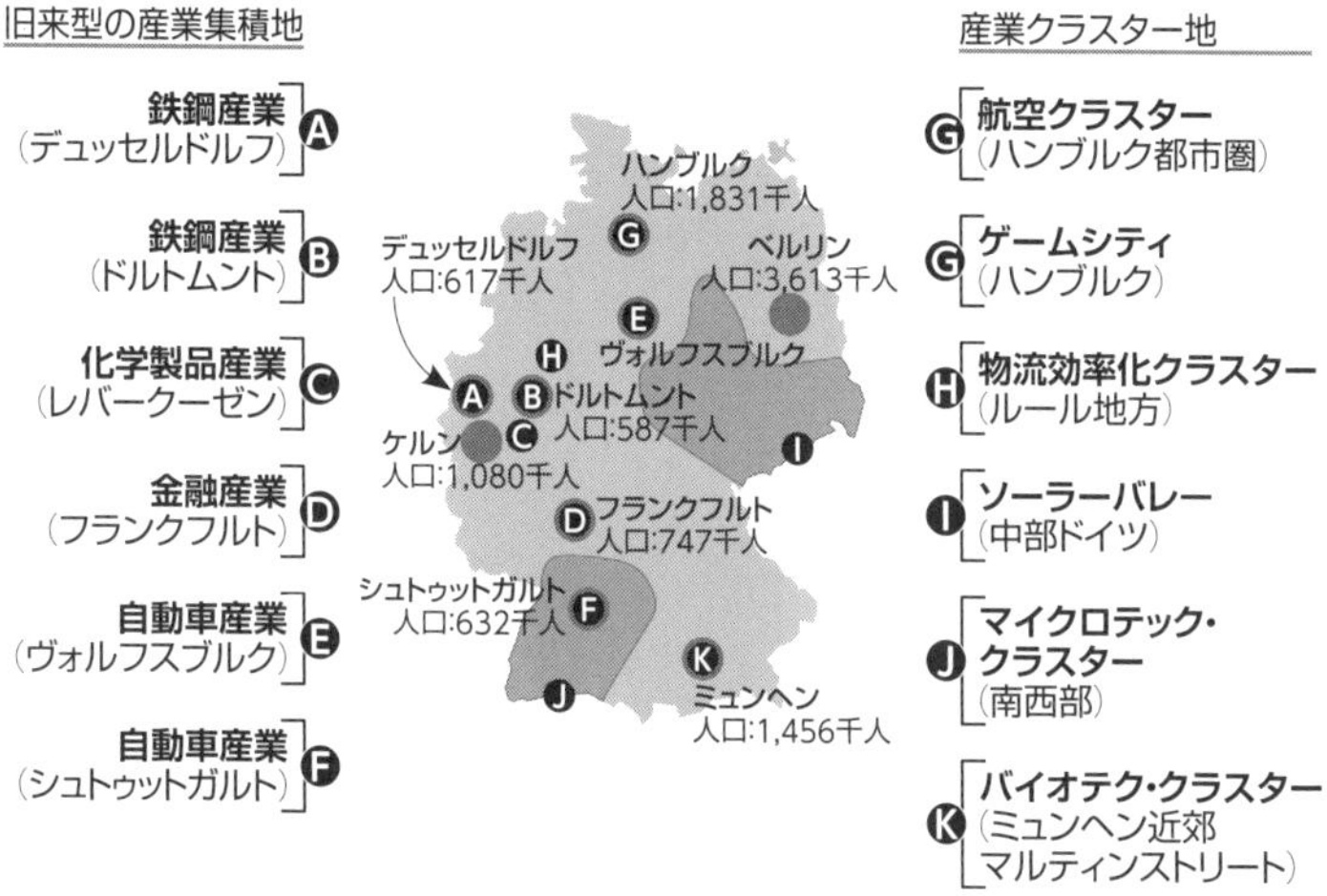

どこに行ってもそれぞれの地域に大きな飛行場とそれなりの産業クラスターが存在していることにいつも感心させられます（図表6－7）。

ドイツも日本と同様、第二次世界大戦後の廃墟と化した状況から今日の経済的な繁栄を成し遂げたわけですが、その発展の過程で地方の産業育成・活性化を目的に産業クラスター政策を実施し、現在では全国に数百カ所の産業クラスターが存在するという経済社会を作り上げました。ここが、東京にすべてが一極集中する日本との大きな違いです。日本でも単に「地方分権」を

［図表6-8］**海外のスマートシティ事例**

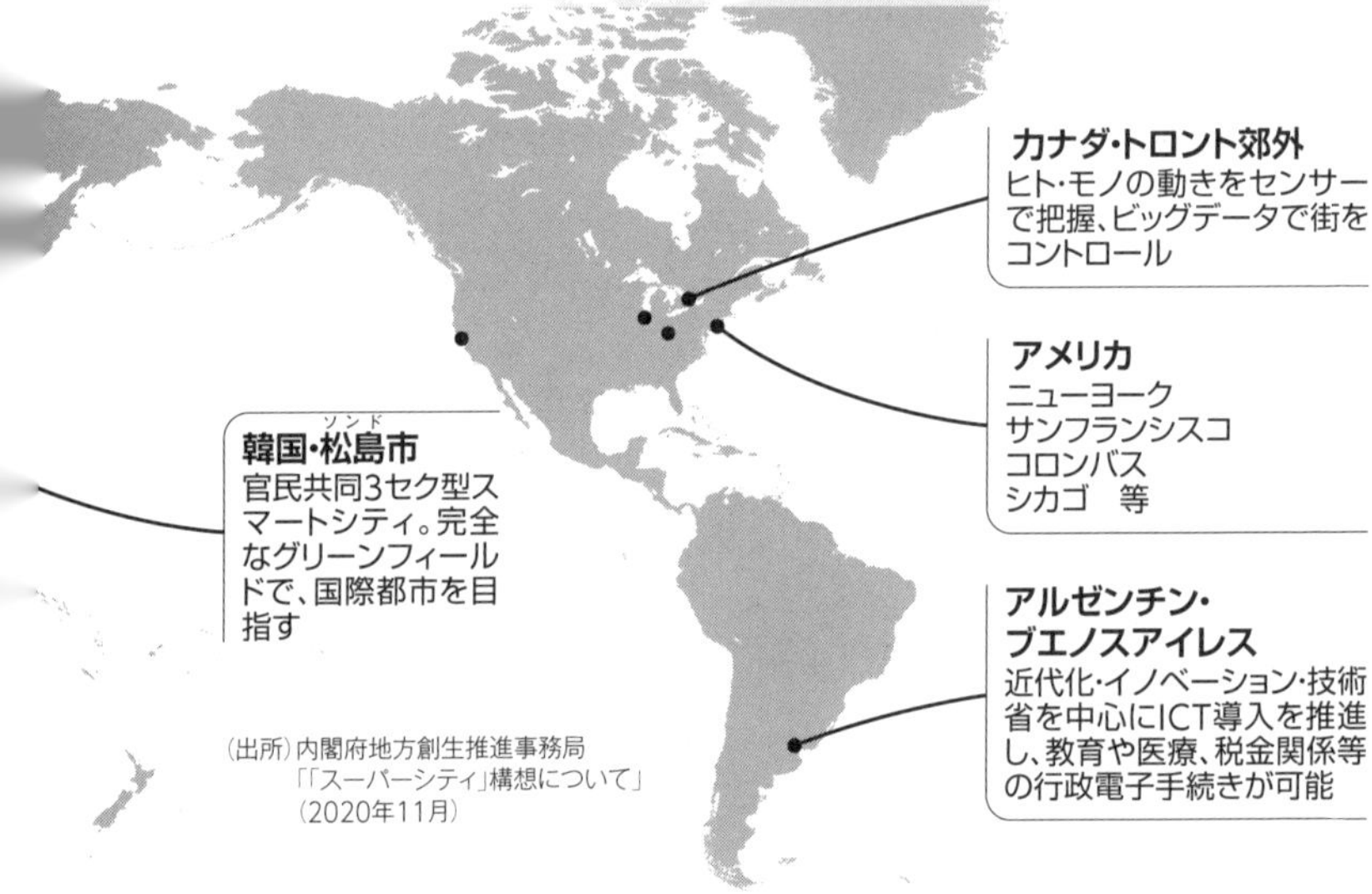
カナダ・トロント郊外
ヒト・モノの動きをセンサーで把握、ビッグデータで街をコントロール
アメリカ
ニューヨーク
サンフランシスコ
コロンバス
シカゴ　等
韓国・松島《ソンド》市
官民共同3セク型スマートシティ。完全なグリーンフィールドで、国際都市を目指す
アルゼンチン・ブエノスアイレス
近代化・イノベーション・技術省を中心にICT導入を推進し、教育や医療、税金関係等の行政電子手続きが可能

（出所）内閣府地方創生推進事務局「「スーパーシティ」構想について」（2020年11月）

進めることにとどまらず、それぞれの地域に他の地域を凌駕するような一つの産業を育て上げ、それを核としてその地域を活性化させていくといったような持続可能な社会を整備していかなければなりません。

その際には昨年の通常国会で可決成立した国家戦略特区法の改正法案（スーパーシティ法案）をうまく活用すべきでしょう。

現在、AIやビッグデータを活用し、社会のあり方を根本から変えるような都市設計の動きが国際的に急速に進展し、スペインのバルセロナ、アラブの

フィンランド共和国・ヘルシンキ市
ベンチャー企業が開発したMaaSアプリを使い、シームレスなモビリティシステムを提供
エストニア共和国
「Data Once Policy」を目標に、ほとんどの行政分野で電子化を推進
オランダ王国・アムステルダム市
生活・仕事・交通・公共施設・オープンデータについてスマートグリッド等の技術を活用
スペイン王国・バルセロナ市
知識集約型の新産業とイノベーションを創出するため、WiFiをICTの共通基盤として活用
アラブ首長国連邦・ドバイ
都市全体をICTインフラで整備、官民問わずあらゆる情報をインターネット上で利用
中国・雄安新区
中国のエコシティ・スマートシティのモデル都市を目指し、自動運転、無人行政、無人銀行、無人スーパー、無人ホテル等を展開
中国・杭州市
道路交通情報をAIで分析し、交通取締、渋滞緩和を実現
シンガポール共和国
国家センサーネットワーク設置・デジタル決済の普及・国家デジタル身分証システム構築・政府データのオープン化

ドバイ、シンガポール、オランダのアムステルダムなど、多くの都市で、インテリジェントなまちづくり、いわゆる「スマートシティ」の投資・開発競争が巻き起こっています（図表6－8）。

しかし、①生活を支える最先端の技術・サービスが導入され、②それが実証実験ではなく日常生活において実装され、③住民目線で未来社会が前倒しで実現されている――という3つの条件を満たす、「まるごと未来都市」は世界各国でもいまだ実現していません。

そこで、国家戦略特区制度を活用しつつ住民と競争力のある事業者が協力し、世界最先端の日本型スマートシティを実現しようというのが「スーパーシティ」構想です。スーパーシティ構想でカギを握るのは官民それぞれのデータをオープンAPIで接続し、住民目線でデジタル技術を日々の暮らしに実装させることができるかどうかです。スーパーシティが実現すれば、都市一極集中から分散型社会への転換が大きく進むはずです。

国際金融都市構想への貢献

菅政権のスタートとともに、にわかに注目を集めている政策課題の一つに国際金融都市構想があります。その実現に向けてもスーパーシティ構想は梃子になると思います。

国際金融都市構想は、日本において1990年代後半の金融ビッグバンの頃から何度も目標として掲げられていながら、いまだに大きな成果を上げることができていない課題です。菅総理はこの「国際金融都市構想」の実現に向け、強い意欲を示されています。

金融庁も2020事務年度の金融行政方針で、大きな柱の一つに「国際金融都市構想」

を掲げ、その実現に向け金融行政手続きの英語化や海外の金融人材を呼び込む際にネックとなっている税制項目の見直しなどを図っていくとしています。

日本が国際金融都市に向けた取り組みを強化することには大きな意味があります。多くの海外金融機関や高度金融人材が日本に来ることは、日本の金融市場の底上げにつながります。またマクロ的にも、アジア全体で見た時に金融市場機能を一カ所に集中させるよりも、複数の都市に分散させていた方が、金融システムはより強靭になるはずです。

これまでロンドン、ニューヨークと並ぶ形でアジアの国際金融センターとされてきた香港は、「国家安全維持法」が施行されたことに伴い、中国との間での一国二制度が崩壊の危機に瀕し、その地位が揺らいでいます。中国指導部には「もはや香港でなくとも構わない。上海、あるいは深圳で十分だ」という考え方があるのかもしれませんし、アメリカと中国の間の「貿易戦争」と呼ばれるような険悪な関係も当分は好転しないでしょう。そうしたことを踏まえると、今後、香港の国際金融センターとしての地位は低下していくことが見込まれ、逆に言えば日本にとっては絶好のチャンスと言える状況になるわけです。

国際金融都市の条件としては、①ビザ取得や税務上のメリットを有するビジネス環境、

②人的資源、③インフラ環境、④金融セクターの発展度、⑤国際的な評価――といったことが挙げられます。これまで日本においては、東京を国際金融都市とすることを念頭に、これらの条件を満たす努力が行われてきました。しかし、残念ながら結果にはつながっていません。

しかも、すでにお話したように、今回のコロナ禍によって一極集中型社会の問題点が顕在化しました。分散型社会への転換は国家的な課題と言えます。国際金融都市構想についても、東京一極集中ではなく、他の都市にいかに分散させていくかという考え方が必要です。たとえば大阪、兵庫のニアショアを中心に、自治体が推進するスマートシティ構想と一体化して、ビザの取得や税制面において優遇された地域で、国際金融センター誘致構想の具現化を目指すべきです。

日本に国際金融センターを誘致する上での私なりの提言を申し上げるとするならば、以下のようなことがあります。

●戦略特区の設置

戦略特区での金融規制の緩和および所得税やキャピタルゲイン課税等の諸税率の国際競

争力のある水準への引き下げ

●約1900兆円の日本の個人金融資産の約54%を占める「現金・預金」から年金等、資産形成に資金を移す税制面でのインセンティブの設計

●ビザの要件緩和（世界中から高度な金融人材や投資運用事業者を呼び込むことができる）

●行政プロセスの英語対応

●政府がフィンテック産業の育成を目的とした大規模ファンドを民間のベンチャーキャピタルと共同で立ち上げる

●英語対応の学校など教育機関や病院等のインフラ整備

●英国との連携

英国とはマインド面や制度的にも親和性が高く、ロンドン証券取引所と連携し、24時間相互にそれぞれの取り扱い株式を取引できる状況をつくる

私は次世代の国政金融センターの誘致について、どこが適当なのか考えた末、大阪・神戸を一体として考えるべきという結論に達しました。それは私の掲げている地方創生とい

う意味でも、地盤沈下と言われて久しい関西地域の停滞（図表6－9、6－10）を食い止めさらなる発展を大阪・神戸を中心とする関西地域にもたらすという意味でも、関西地域の発展により広く大阪以西の西日本に経済効果を及ぼすという意味でも大阪・神戸が良いといったことが主な理由です。これは別に私が兵庫県出身であるということとか、私どもの先祖が長きにわたって大阪船場を中心に商売をしていたということとは関係ない選択でした。そもそも国際金融センター構想は香港の代替市場として考えはじめました。香港が国際金融センターとしてどのような役割を担っていたかを考えると、香港は1997年7月1日にイギリスから中国に返還されましたが、中国が香港の一国二制度を位置付ける前、すなわちイギリス統治時代から香港は金融センターとしての役割を果たしてきたのです。

国際金融センターには2つの類型があります。それは「首都機能型」と「クロスボーダーハブ型」です（図表6－11）。

ニューヨークやロンドン、もしくは東京などは自国の金融取引を集積し、実行する場所として機能しているという意味で「首都機能型」であると言えます。一方でシンガポールや香港等は金融取引を決済する「ハブ」として機能している都市です。ニューヨークはア

［図表 6-9］**地域別の実質地域内総生産（実質GRP）成長率の推移**

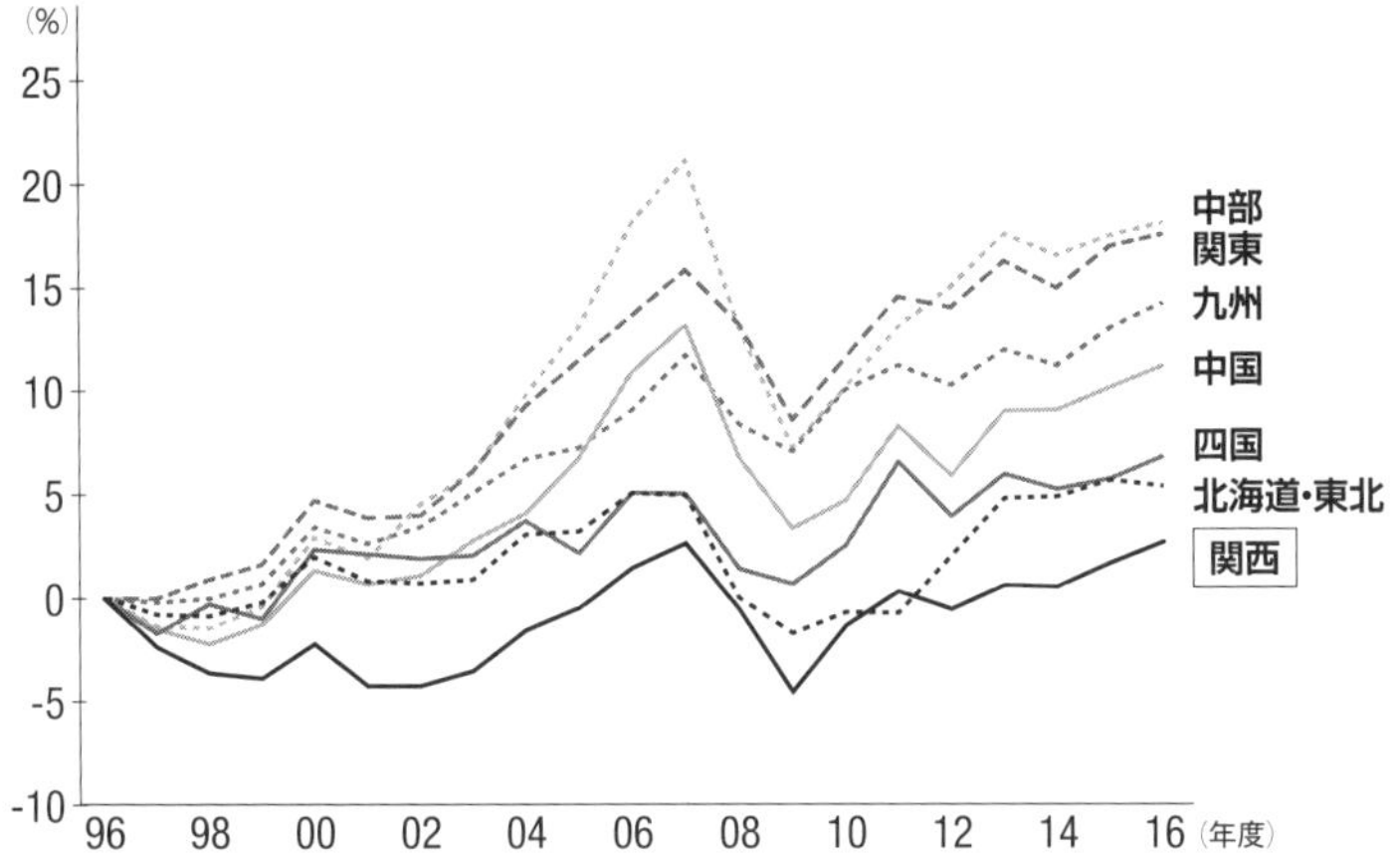

※1996年度を起点とした成長率
（出所）ニッセイ基礎研究所「関西経済の低迷要因と復活への明るい兆し
　　——96年度以後の県民経済計算に見える弱点、足元の経済指標から見る好転への期待——」

［図表 6-10］**実質GRPの寄与度分解（産業別）**

	関西	全国
実質GRP	2.8%	12.7%
情報通信・運輸・郵便業	1.3%	2.0%
宿泊・飲食サービス業	0.1%	0.2%
金融・保険・不動産業	2.0%	3.8%
製造業	1.8%	5.6%
卸売・小売業	▲4.7%	▲2.8%
電気・ガス・水道・産業物処理業	▲0.2%	▲0.1%
建設業	▲3.9%	▲3.0%
その他	3.8%	4.3%

※1996年度から2016年度の成長率の寄与度分解
　産業ごとの寄与度の合計は実質GRP成長率と完全には一致しない
（出所）ニッセイ基礎研究所「関西経済の低迷要因と復活への明るい兆し
　　——96年度以後の県民経済計算に見える弱点、足元の経済指標から見る好転への期待——」

［図表6-11］ **東京と大阪の棲み分け**

東京：首都機能型

自国の経済活動を金融面から支える機能を果たしている都市。自国の言語や商習慣に基づき、主に「自国」の金融取引を集積し、実行する場所として機能。

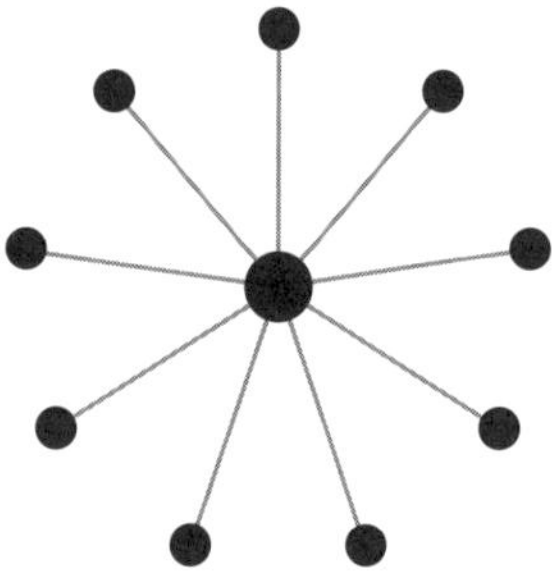

➡ 日本人同士の金融取引はルールや慣習が世界標準とは異なり、英語や税制、法規制等、グローバル基準を東京に植え付けようとすれば多くの摩擦が生じる恐れがある。

大阪：クロスボーダーハブ型

「国内と国外」あるいは「国外と国外」の金融取引を決済する"ハブ"として機能している都市。

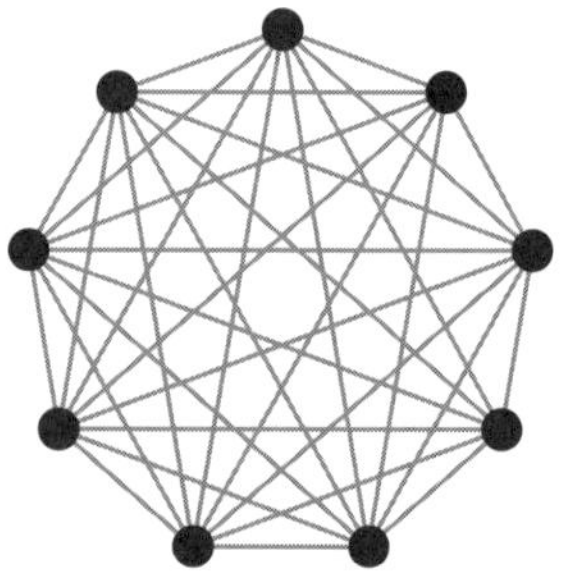

➡ 東京に不足しているクロスボーダーハブ機能を、より制度を整えやすい別の都市に特設し、アジアで金融ビジネスを展開する海外のプレイヤーに提供していくことで短い時間で効率的に金融都市機能を発展させることが可能に

～大阪の歴史・立地等を考え、エッジを効かせた立ち位置で東京との差別化を図る～

➡米国ボストン、英国エディンバラ等の地方都市には巨額の年金基金などの運用を専門とする資産運用会社が拠点を構え、ニューヨーク、ロンドンとは異種の金融機能都市としての存在感を持っている

➡「グローバルな金融機能の多極化に向けた動き」、「リスク分散」、「地方の復権・再生」、「震災や災害等への備え」といった観点における政策目標も同時に追求が可能

メリカの強い経済力を背景とし、その両方の性質を有する唯一のマーケットとも考えられます。ロンドンは歴史的な背景として54ヵ国が加盟する英連邦（コモンウェルス・オブ・ネイションズ、コモンウェルス）の盟主であり第一次世界大戦後も強大な軍事経済力を背景に大きな影響力を持っていましたが、第二次世界大戦後はその地位がアメリカに奪われ国際金融センターとしての影響力を落としていく中、EUの誕生とともにEUとのハブとして新たに大きな影響力を持ってきました。ただし今般のEU離脱を迎え、その地位を今後も維持できるかわからなくなってきています。現に、多くの金融機関がイギリスからダブリン、ルクセンブルク、パリ、フランクフルトといった都市に移ることを表明しています。また、アーンスト・アンド・ヤング（EY）の調査によりますと、ブレグジットで1・2兆ポンド（約163兆円）の資産がヨーロッパ大陸に移動すると言われています。今後も国際金融センターとしての影響力は一定程度持っていくでしょうが、将来どうなっていくかは正直わかりません。

他方、香港、シンガポール、チューリッヒ、ルクセンブルクといった都市は「クロスボーダーハブ型」です。日本は香港に取って代わろうとしているわけですから、同じクロスボーダーハブ型を目指すべきです。日本人同士の金融取引は、ルールや慣習が世界標準とは異なるところが多々あります。また、東京において税制、法規制等を他の国際都市と比し優位か同等レベルの状況にすることは難しいのではないでしょうか。東京は東京で首都機能型としてこれまでどおりに発展させていくべきです。新たな国際金融センターとして特区を作っていくのであれば、新しい場所に新しく作り上げていくべきで、大阪を国内と国外、あるいは国外と国外の金融取引を決済するハブとして機能させていくのが良いでしょう。

たとえばシンガポールは、国内の経済力は弱いですが国際金融センターとしてそれなりに成長しています。シンガポールは国としてフィンテック金融センターを目指していますが、彼らの計画書を見ると今後3年間で総額2億5000万シンガポール・ドル（2020年8月19日時点で約192億5000万円）程度のお金しか投資する計画になっていません。それでもシンガポールでは5年前に約50社しかなかったフィンテック企業が、今では1000社以上になっている状況です。SBIグループではフィンテック企業向けに1000億円以上をすでに投資してきているので、この程度のフィンテック企業の集積地であればSBIだけでも創れます。日本がその気になればすぐに世界中のフィンテック企業の誘致が可能でしょう。

したがって、なにも東京が大阪や福岡と争い合う必要はまったくないのです。「新しい酒は新しい革袋に盛れ」ということわざにあるとおり、東京とは別の機能を新たに作り上げていくということ、そして大阪以西への経済効果も大きいということで、次世代の国際金融センター構想はやはり大阪・神戸地区が一体となり、経済特区として大阪を中心にフィンテック金融センターを構築し、そのフィンテック技術を導入した次世代の国際金融センターを構築していくのが一番良いのではないでしょうか。

これはちょうど、ニューヨークにおけるボストンの立ち位置でもあります。私も野村證券でニューヨークに勤務していた時代は、週に3日はボストンに行っていました。ニューヨークの資産運用会社のトップ100のうち、ニューヨークにあるのは30社くらいしかありません。あるいは英国のエディンバラも同様です。エディンバラにもコロナ流行前、私は毎年行っていました。なぜかと言うと、世界最大級のマネーマネージャーでありSBIの大株主でもあるベイリー・ギフォード社がエディンバラに拠点を構えているからです。エディンバラは投資信託発祥の地でもあり、歴史と伝統のある地方都市です。こういった役割を大阪に持たせ、さらにアジアにおける〝次世代〟の国際金融センターとして、最先端のフィンテック技術を取り入れていくのが良いでしょう。東京は東京として今ある国内の首都機能型の金融センターとしてやっていけば良いのです。どっちがどっちという話ではありません。それよりも日本は、できる限り多くアジア各国と密接につながっていくことが一番大事なポイントなのです。

この国際金融センター構想の具現化に向けてSBIグループが支援可能な事例もいくつか挙げるとするならば、一つはブロックチェーンや分散型台帳技術（DLT）など金融分野における最先端技術の提供です。もう一つは、ST（セキュリティトークン）の流通市場としても機能するデジタル取引所（大阪デジタルエクスチェンジ）の創設（第7章で詳述）、さらにSBIインベストメントの投資先フィンテックベンチャー企業のアジア拠点の日本への誘致や、現在株式会社化に向けた動きが進んでいる大阪堂島商品取引所がデリバティブも含むグローバルな総合取引所に転換する際のサポートなどです。TPP発効の後押しも受け、アジア各国の農産物等のコモディティを金融商品化するほか、農作物との関係性が深い天候デリバティブ商品なども加えて幅広く取り扱うことで、将来、大阪堂島商品取引所で東南アジア諸国の農産物（たとえば、ベトナムのカカオ。ベトナムはブラジルに次ぐ世界第２位のカカオ産出国）の価格形成機能を担えるようになれば最高です。

大阪堂島商品取引所は今後のあり方について、経営改革協議会（座長 土居丈朗氏 慶應義塾大学経済学部教授）で議論が続けられてきましたが、２０２０年10月に「株式会社化によって資本を充実させるとともに（中略）、「現物取引所」と「先物取引所」の両輪による総合取引所を目指す」という提言がなされました。

提言は最後に「『DOJIMA』は先物発祥の地として海外の先物関係者にもよく知られ、尊敬を受けており、このネームバリューは唯一無二の宝である。堂島の灯を消してはならない」という文章で締めくくられています。ＳＢＩグループとしても、国際金融センター構想を推進することこそが「唯一無二の宝」を守ることにつながると捉え、協力していきたいと考えています。

地方における「ヒト」の充実

分散型社会の実現に向けては、地域における「ヒト・モノ・カネ」を計画的に充実させていく必要があります。

まず、地方における「ヒト」の充実ですが、新型コロナウイルスの感染拡大は人々の生活や働き方を一変させました。「仕事＝会社に行くこと」が当たり前ではなくなり、テレワークが一気に広がりました。内閣府の調査結果によると、テレワークを経験したのは全国で34・6％、東京23区では55・5％に上り、うち9割が継続して利用したいと回答しています（図表6－12）。

しかし、総務省の「平成30年住宅・土地統計調査」によれば、首都圏（東京、神奈川、千葉、埼玉）では一住宅当たり平均延べ面積は79・6㎡で、既婚・子ども同居ありの世帯において、リビングダイニングや寝室のほかに、仕事専用のスペースを確保するのは難しい状況にあります。

［図表 6-12］**コロナ禍における地域別テレワークの実施状況**

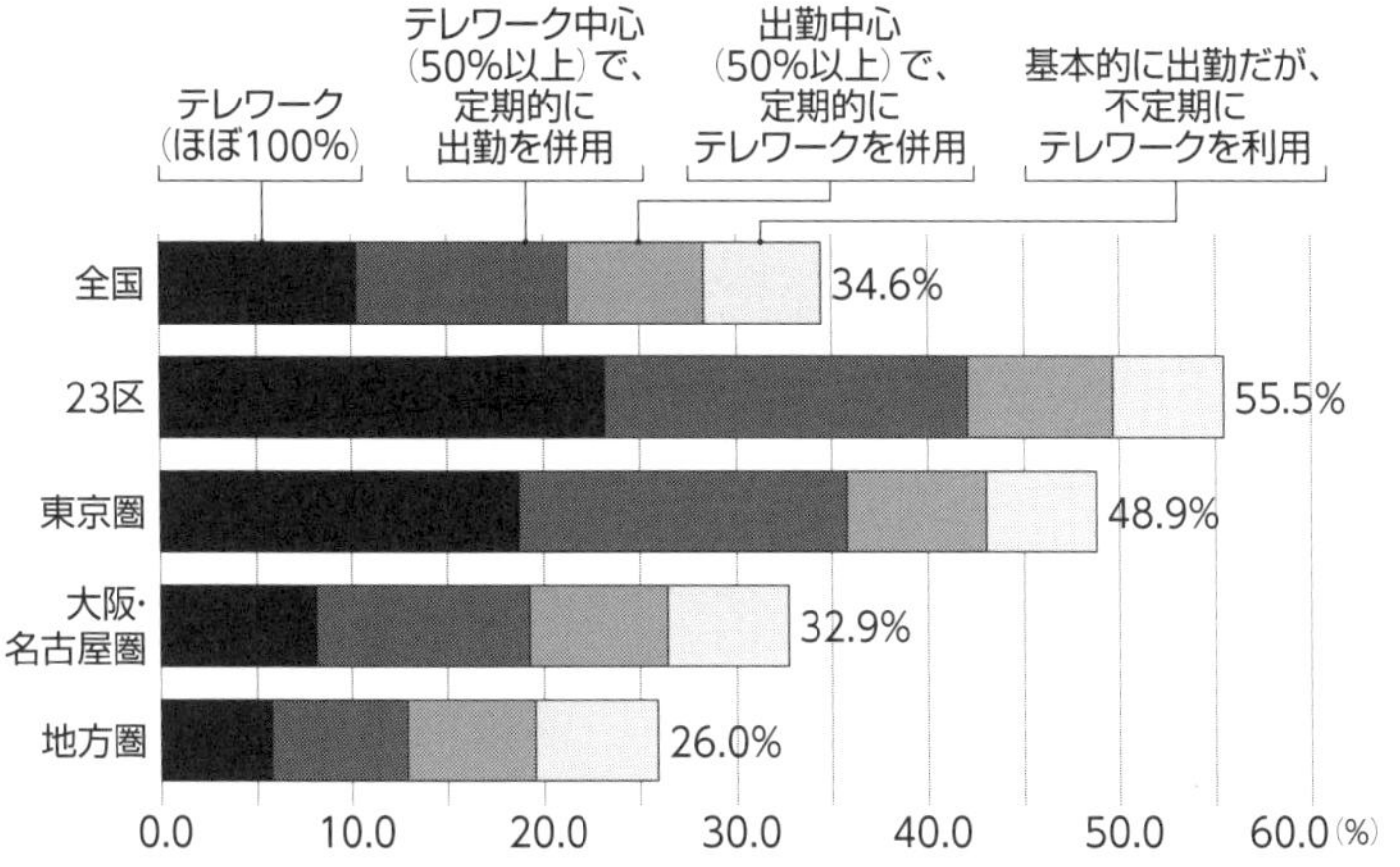

※　地方圏とは三大都市圏以外の北海道と35県。三大都市圏とは、東京圏（東京都、埼玉県、千葉県、神奈川県）、名古屋圏（愛知県、三重県、岐阜県）、大阪圏（大阪府、京都府、兵庫県、奈良県）の1都2府8県。
（出所）内閣府「新型コロナウイルス感染症の影響下における生活意識・行動の変化に関する調査」（2020年6月）

実際、私自身もコロナ禍でテレワーク中の部下に電話をすると、子どものはしゃぐ声が聞こえてきたりして、そんな環境で本当に集中して生産性の高い仕事ができるのかと疑問に思ったことがあります。リクルート住まいカンパニーの調査では、テレワークの実施場所は、「リビングダイニング（ダイニングテーブル）」が55%と過半を占め、家族構成を見ると、6歳以下の子どもと同居する既婚者の割合が54%と最多です。そして、テレワークの問題としては、「仕事専用スペースがない」と答えた人が33%、既婚（同居する子どもあり）の世帯だと約40％に達しています（注3）。

近い将来、新型コロナウイルスのワクチンができて経済が正常化しても、テレワーク化の流れは後戻りしないだろうとの前提に立つと、仕事ができるスペースを確保できる住環境を地方に整えたり、住宅や遊休不動産を活用してテレワーク用の施設をつくったりといったことが必要です。その際に重要なのは、パソコンやネットワークのセキュリティ環境を十分に確保するということです。コロナ禍では緊急事態ということもあり、とりあえずはテレワーク、リモートということが優先されてしまいましたが、サイバー攻撃の深刻さなどを考えると、この点はしっかりとした対応が求められます。

さらに、地方における「ヒト」の充実に関しては、絶対数が少ない理系の専門職人材をどのようにして確保していくかも大きな課題です。この点に関して、SBIグループではSBIグループ出資先でもあるアスタミューゼ社と連携しています。アスタミューゼ社は独自のサービスを通じて高度な専門人材のプールを持ち、専門スキルと経験・意欲を持ち合わせた希少な人材を、成長著しい技術系ベンチャーやスタートアップ企業に紹介しています。現在は当社グループとの連携により、われわれの持つ地域金融機関とのネットワークを活かし、専門職人材と地域企業とをマッチングさせるサービスを提供しています。このサービスの特徴は、技術特化した求職者の中から「どのような社会課題や成長領域について取り組みたいか」という「やりがい」を軸にマッチングさせている点で、すでに島根銀行では地域企業における雇用促進を図る施策の一つとして、この専門人材のデータベースを活用した採用支援を開始しています。

(注3) リクルート住まいカンパニー「新型コロナ禍を受けたテレワーク×住まいの意識・実態」調査 2020年5月22日公表

地方における「モノ」の充実

次に、地方における「モノ」の充実、地方企業の販路拡大について考えてみたいと思い

［図表6-13］**年別訪日外国人客の推移**

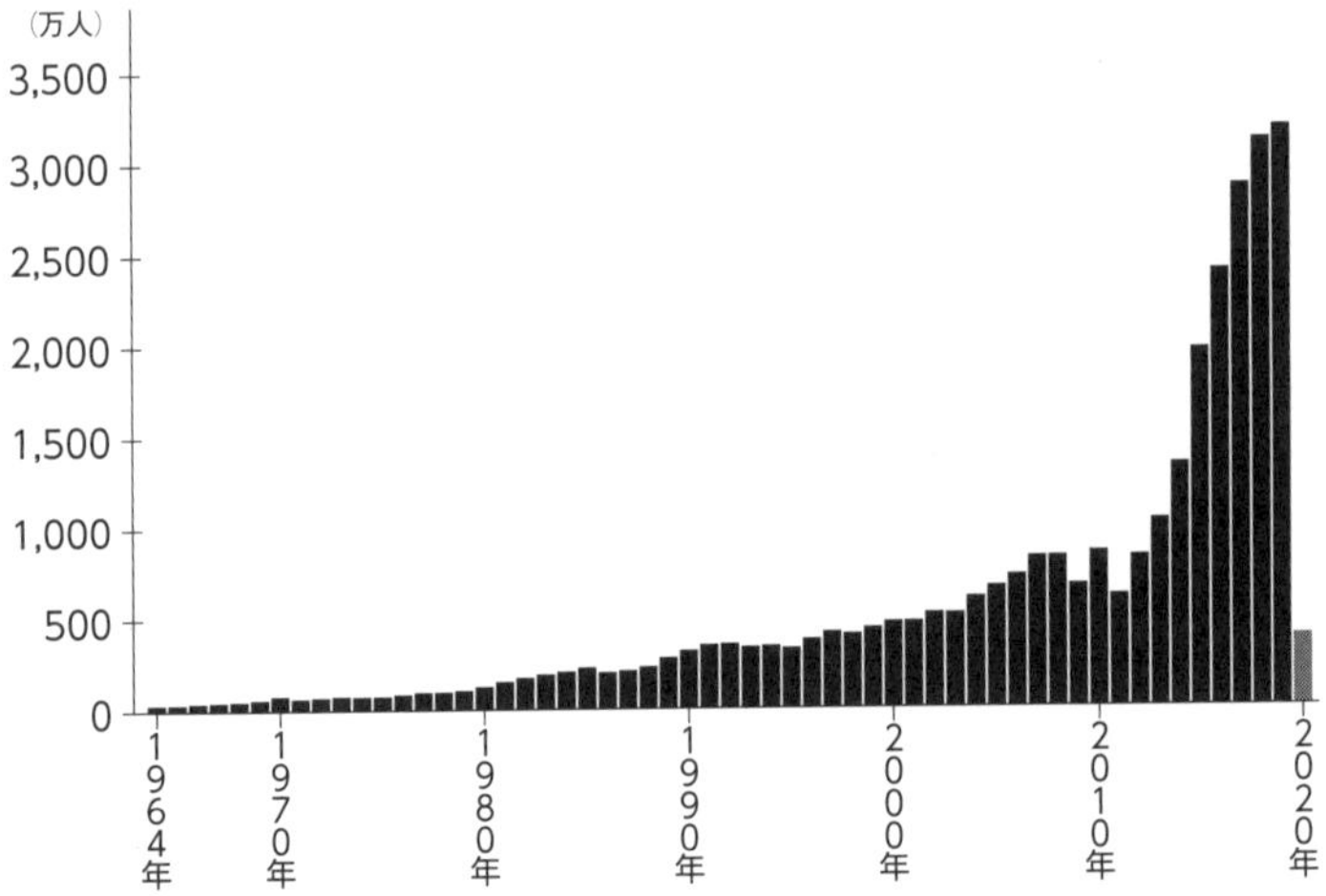

※　2020年は10月までの推計値
(出所)日本政府観光局

ます。

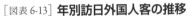

コロナ禍で訪日外国人観光客需要の拡大をビジネスの拠り所としてきた企業や業界は甚大な影響を受けています。2019年には3188万人もの外国人が来日し、その消費額は4兆8135億円に達していたものが(注4)、新型コロナウイルス感染拡大防止に伴う入国制限で、2020年4月以降は、ほぼゼロの状態となりました(図表6―13)。

その結果、外国人観光客向けの売上で経営が成り立っていた地域の企業の多くが苦境に陥っています。地域金融機関も資金繰りを支えるなどの支援を行っていますが、返済の見込みが立たないような赤字補填資金をただ融資し続けるようなことは民間金融機関としては許されません。地域の企業がどのようにして売上を確保していくのか、金融庁が盛んに「伴走型支援」と言うように、そのアドバイスをすることが求められているわけです。

その際に、販路拡大について、「リージョナルからネーションワイドそしてグローバルへ」という視点が必要です。具体的には、インバウンド需要の落ち込みを越境ＥＣで補うといったことも考えられます。

中国国内の越境ＥＣ利用者数は７０００万人、中国の越境ＥＣ市場の規模は２０１８年の段階で３兆２６２３億円にも上り、２０２２年には５・３兆円（うち日本商品は２・５兆円）を超えると予測されています（注５）。コロナ禍の影響を加味すれば、今後さらに拡大するのは確実です。地方には魅力的な特産品が数多くあるのですから、そうした特産品や地方の製品をプロモーションし、巨大な越境ＥＣ市場をうまく取り込んでいけば、インバウンド需要減少の影響を一定程度、カバーできるのではないでしょうか。ＳＢＩグループの投資先であるInagora社は中国の消費者を対象として日本の商品に特化した形で越境ＥＣプラットフォームを提供していますが、このプラットフォームを活用すれば、これまではインバウンドの観光客が来てくれるのを待っているだけだった地方の企業が、一気に中国の7000万人以上のお客様を相手にビジネスを展開していくことが可能となります。

（注4）観光庁「訪日外国人消費動向調査」2020年3月31日
（注5）経済産業省「平成30年度　我が国におけるデータ駆動型社会に係る基盤整備（電子商取引に関する市場調査）報告書」2019年5月

地方における「カネ」の充実

地方における「カネ」の充実に関しては、お客様の資金需要に「融資」で対応するだけでなく、資本性資金をいかにして供給していくかが以前から大きなテーマとなっていましたが、コロナ禍でその問題はさらにクローズアップされています。

この間も地方で官民共同でのベンチャーファンドや再生ファンドが設立されました。しかし、そうしたファンドの中には、具体的な投資案件が見つからずに開店休業状態となっているものが少なからずあります。ファンドの成否は、当然のことながら、具体的な案件を確保できるかどうかにかかっています。しかし、限られた地域で投資案件を探すのは簡単ではなく、投資候補先の技術力やマーケティング力などを見極める「目利き力」にも限界があるのではないでしょうか。

その点、ＳＢＩグループにはベンチャー企業への豊富な投資実績がありますので、さまざまな領域で地方創生に資するベンチャー企業への投融資を行い、地方におけるイノベーションと経済活性化の促進に貢献できると考えています。われわれとしては最も得意とする分野であり、ＳＢＩインベストメントでは次に説明する最大１０００億円規模のベンチャーファンドの設定に向け、すでに動き出しています。

私が新しい戦略を打ち出す際にネーミングにこだわることはすでにお話ししましたが、このベンチャーファンドも「Industry 4.0」と「Society 5.0」を掛け合わせて、「4＋5ファンド」と名付けました。投資対象領域としてはフィンテック、ＡＩ、ブロックチェーンに加え、「Industry 4.0」を推進するIoT・ロボティクスや5G、「Society 5.0」を実現するヘルスケア（医療・介護）、インフラ（交通・エネルギー）、食品・農業等の幅広い産業における革新的技術・サービスを想定しています。

私は、長年のベンチャー投資の経験上、スタートアップ企業や新しいアイデア・技術は不況期にこそ生まれると思っています。コロナ禍の今は、ある意味ではベンチャー投資のチャンスなわけです。スーパーシティに誘致されるようなベンチャー企業に積極的に投資を行っていきたいと考えています。

また、地方大学の研究者と連携して、大学発ベンチャーの設立などを通じた地方発のベンチャー企業の育成にも貢献していきたいと考えています。

第5章でご紹介したSBI地域事業承継ファンドの設立も地方における「カネ」の充実を図る施策の一つです。

第7章

DX時代における新しい金融の姿

コロナ禍で加速したDX

すでにお話をしてきたように、今回のコロナ禍は経済、企業活動のみならず、社会構造全般にわたって大きな変革を迫っています。「いつになればコロナ以前の状態に戻るのでしょうか」といった質問を受けることもありますが、もはやコロナ以前に戻ることはないでしょう。それどころか、たとえばテレワークがあっという間に導入されたように、5年、10年はかかると思っていたさまざまなことが、人との接触や移動が制限されたこの半年の間に急速に進展し、特にITを活用した社会のデジタル化に関しては、時間軸が一気に前に進んだと言えます。DX（デジタルトランスフォーメーション）も、コロナ禍以前から問題意識こそ多くの人たちが共有していましたが、ではどうやって取り組んでいくかという具体論となると、まだまだ「絵に描いた餅」状態で、SBIグループのように対応している組織はごく一握りでした。

しかし、コロナ禍で経営環境が激変したことで、ぐずぐずしていると自らのマーケット、顧客基盤をライバルに根こそぎ奪われてしまうゲームチェンジが起きるのではないかという危機感を多くの経営者が抱いています。伝統的な対面型の金融機関においても、経営陣が危機感を持ち、有人店舗を主とするチャネル、ネットワークのあり方や業務フロー、事務手続き、さらには取り扱い業務に至るまで、「聖域なし」で抜本的な見直しが求められるでしょう。

経済産業省が公表している「DX推進ガイドライン」によれば、DXとは、「企業がビジネス環境の激しい変化に対応し、データとデジタル技術を活用して、顧客や社会のニーズを基に、製品やサービス、ビジネスモデルを変革するとともに、業務そのものや、組織、プロセス、企業文化・風土を変革し、競争上の優位性を確立すること」です。

もちろんこれまでも企業はインターネットなどITを多方面で活用しビジネスを行ってきました。しかし、「IT化」はあくまで既存の業務やビジネスプロセスの改善、効率化、拡大であるのに対して、「DX」は破壊・代替・変革をも伴うという点で決定的に異なります。金融機関で言えば、インターネットバンキングを提供しても、これまでは店舗やそこで業務にあたる行員はそのまま維持されましたが、今後は店舗をなくしてしまう、あるいは、スマートフォンで手続きができる中でも併存させていた紙の書類への署名捺印という手続きもやめてしまうといったように「まるごと変えてしまう」のがDXです。

またDXは、単なるテクノロジーの活用だけではなく、データを駆使した付加価値の創造や意思決定プロセス、権限、判断基準、組織文化など、銀行のビジネスモデルそのものをデジタルで根本的に変えていくという意味において、アナログ情報のデジタル変換やそれによる業務効率化を目指す「デジタイゼーション」とは似て非なるものです。金融機関で言えば、勘定系システムのクラウド化やフィンテック企業との連携はDX推進のカギとなるはずです。

ただ、前述の「DX推進ガイドライン」では、DXを本格的に展開していく上での問題点として、「既存のITシステムが老朽化・複雑化・ブラックボックス化する中では、データを十分に活用しきれず、新しいデジタル技術を導入したとしても、データの利活用・連携が限定的であるため、その効果も限定的となってしまう」「既存のITシステムがビジネスプロセスに密結合していることが多いため、既存のITシステムの問題を解消しようとすると、ビジネスプロセスそのものの刷新が必要となり、これに対する現場サイドの抵抗が大きい」といった問題を指摘しています。

こうしたボトルネックは、おそらくほとんどの金融機関に存在するのではないでしょうか。それだけに、DXを推進していく上では、デジタル技術を活用してビジネスモデルをどのように変革するかについての経営戦略や経営者による強いコミットメントが不可欠であるのは言うまでもありません。

社会変革を起こすブロックチェーン

社会・経済・産業構造だけでなく、市場や顧客など企業を取り巻くあらゆる環境がデジタル化する中、SBIグループでも、①ブロックチェーンの技術をグループ各社に活用させるべく「フィンテック2・0」への動きの加速化、②デジタルアセット分野の生態系の収益化、を急いでいます。

「ブロックチェーン」(分散型台帳技術(Distributed Ledger Technology, DLT))は、2008年に

暗号資産「ビットコイン」の基盤技術として登場しました。

ブロックチェーンは、各参加者がインターネット上などで基本的に同じ帳簿を共有する「分散型」の仕組みによって、各種の資産・権利の所在や移転の記録を可能とする技術であり、暗号資産への利用にとどまらず、有価証券など幅広い金融資産や不動産、絵画、宝石などの所有や移転の記録といったさまざまな形での応用が期待されています（注1）。

ブロックチェーンはフィンテックを代表する技術と捉えられ、インターネットが登場した時以上のインパクトがあるとも言われています。私自身も今後20年ぐらいの間に非常に大きな社会変革を起こす基礎的技術になると確信しています。ＳＢＩグループでもその潜在力に着目し、ブロックチェーンを活用したさまざまな事業の拡大を推進しています。以下、いくつかの特徴的な取り組みをご紹介したいと思います。

（注1）日本銀行ワーキングペーパーシリーズ
「ブロックチェーン・分散型台帳技術の法と経済学」

柳川範之、山岡浩巳　２０１７年3月

Money Tapにおける取り組み

Money Tapがブロックチェーンを活用し、API接続している金融機関の口座間での直接送金・即時決済を可能とする仕組みを提供していることは第3章でご紹介しましたが、PayPayやLINE Payといった決済事業者との接続も拡大しています（図表7－1）。

この仕組みはCAFISなどの既存の決済インフラを介していないため、安価で容易な接続が可能です。金融機関はMoney Tapを通じて各決済事業者のサービスに接続しプリペイドチャージが可能になります。銀行にとっては個々の事業者への接続開発コストが不要になり、決済事業者の取捨選択が容易にできます。一方で、決済事業者にとってもMoney Tapと接続することで、個々の金融機関と交渉したり、接続開発のコストをかけたりすることが不要となり、チャージ金額を一つの口座に集約できます。Money Tapを通じたチャージ件数・金額は、2020年度上半期において約2倍と順調に増加しました。2020年10月にはマネータップ社へのアメリカRipple社の資本参加が決定しており、地域金融機関へ

［図表7-1］ マネータップ活用によるプリペイドチャージ事業者との接続
～CAFIS等の既存インフラを介さない安価で容易な接続をサポート～

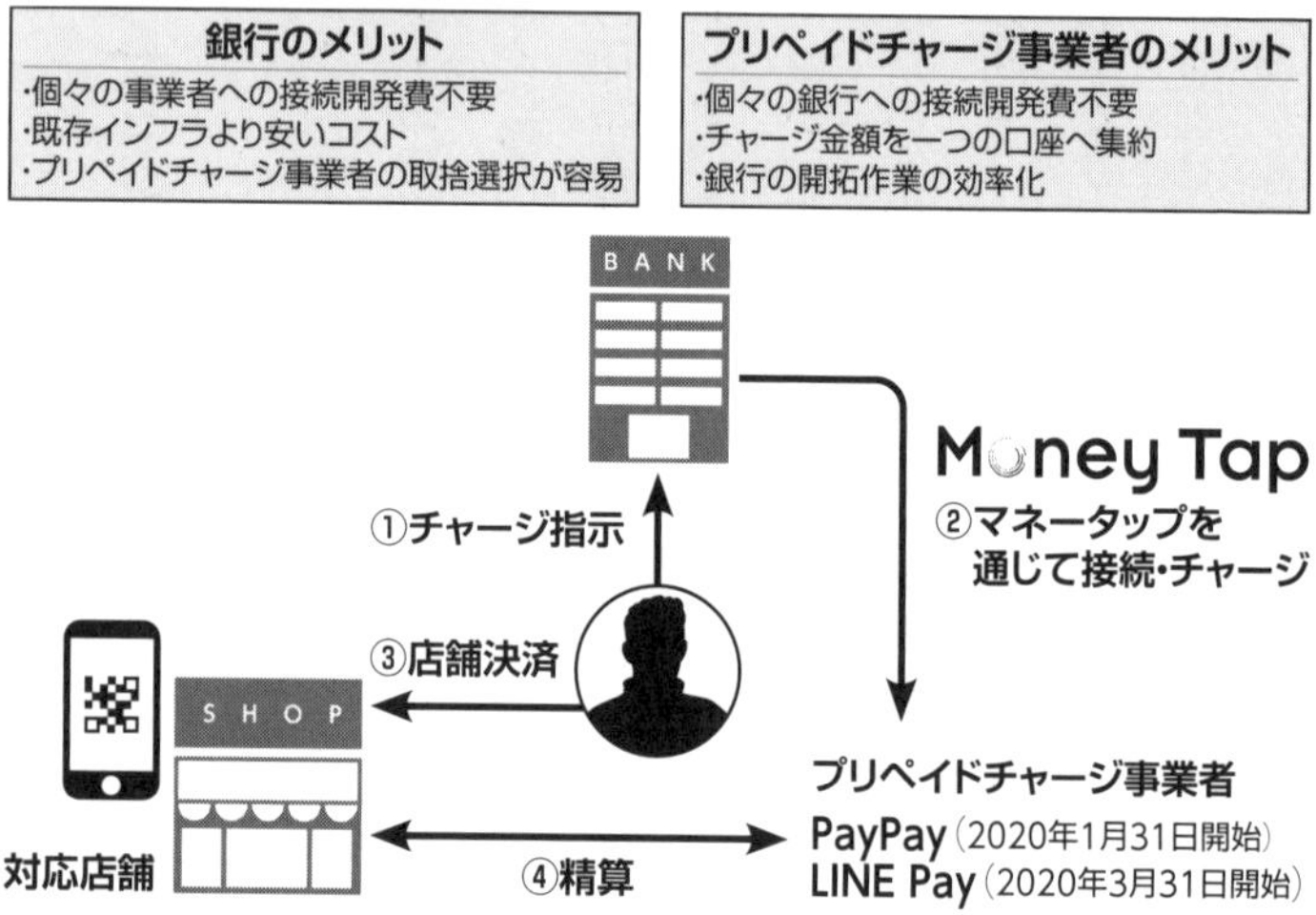

の導入と新サービスの開発を一層加速させていきます。

政府は2019年現在で26・8%にとどまっているキャッシュレス決済比率を、「2025年6月までに4割程度とすること」（注2）、さらに「40%の目標を前倒し、将来的には、世界最高水準の80%を目指していく」（注3）としています（図表7－2）。コロナ禍もありキャッシュレス決済のニーズは確実に高まっており、Money Tapを通じたチャージもさらに拡大していくでしょう。

また、SBIホールディングスでは、

[図表 7-2] **日本のキャッシュレス支払額および決済比率の推移**

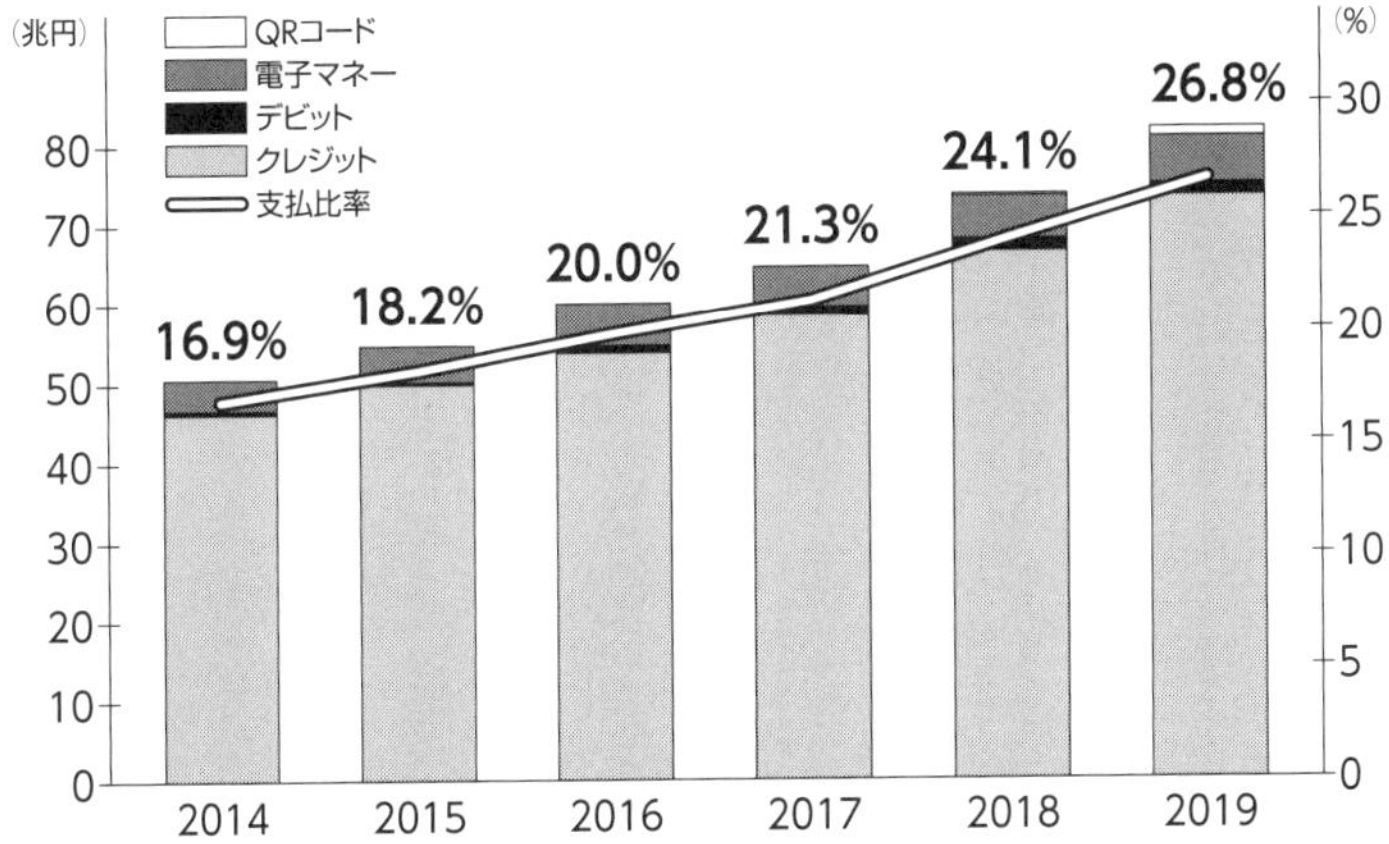

キャッシュレス決済比率※の内訳の推移

年	2014	2015	2016	2017	2018	2019
クレジット	15.4%	16.5%	18.0%	19.2%	21.9% (+2.7%)	24.0% (+2.1%)
デビット	0.15%	0.14%	0.30%	0.37%	0.44% (+0.07%)	0.56% (+0.12%)
電子マネー	1.3%	1.5%	1.7%	1.7%	1.8% (+0.1%)	1.9% (+0.1%)
QRコード	—	—	—	—	0.05%	0.31% (+0.26%)
計	16.9%	18.2%	20.0%	21.3%	24.1% (+2.8%)	26.8% (+2.7%)

※キャッシュレス決済比率 ＝ クレジットカード支払額 ＋ デビットカード支払額 ＋ 電子マネー支払額 ＋ QRコード決済支払額 ／ 民間最終消費支出

(出所)経済産業省商務･サービスグループキャッシュレス推進室

アメリカのR3社が提供するブロックチェーンソリューションである「Corda」を用いた実証実験を2020年7月に行いました。SBIグループ社員を対象としたもので、デジタル通貨等の発行プラットフォーム「Sコインプラットフォーム」とMoney Tapが連携して動作する仕組みを構築しました。Money Tapアプリで銀行口座からSコインプラットフォームに直接送金を行うことで、Sコインプラットフォーム上にSコインが発行されます。SコインはSBIホールディングスが発行する決済用コインで、Money Tapが提供する決済サービスの加盟店で決済が可能です。通常は銀行口座の残高から支払いが行われますが、実証実験ではSコインの残高から支払いが行われます。地域金融機関等と連携し、国内複数の地域でデジタル通貨の発行を支援していることは第5章で述べましたが、この実証実験を通じてSコインプラットフォームの検証を行い、今後は地域通貨の発行プラットフォームとしても活用していく予定です。

（注2）成長戦略フォローアップ（2019年6月21日 閣議決定）
（注3）キャッシュレス・ビジョン（2018年4月11日 経済産業省キャッシュレス検討会）

［図表7-3］**コロナ禍で露呈した医療品調達の海外依存度の高さ**

品目	輸入依存度	主な依存先
人工呼吸器	**90%超**	ヨーロッパ、アメリカ
サージカルマスク	**70〜80%**	中国
植毛綿棒（PCR検査用）	**ほぼ100%**	イタリア、アメリカ
医療用ガーゼ	**約60%**	中国
全身防護服	**ほぼ100%**	中国、ベトナム、アメリカ
医療用ガウン	**大部分**	中国、インドネシア

（出所）日本経済新聞2020年5月12日朝刊

サプライチェーンマネジメントへの活用

新型コロナウイルスの感染拡大により日本企業のサプライチェーンが寸断され、原材料や半製品、製品を中国などの海外に依存する体制の危うさが露呈しました。図表7－3にあるとおり、人工呼吸器、サージカルマスクや全身防護服、医療用ガウンといったコロナ禍で欠かせない物資のほとんどを中国をはじめとする海外からの輸入に頼っていたため、一時、深刻な不足状況に陥り、医療・衛生用品など国民の健康維持に重要な製品は国内生産で賄うことが必要だとの認識が高まりました。

そうしたサプライチェーンの見直しや国際的に分散させた生産・販売拠点の再構築は、医療製品の業界のみならず、日本企業全体で大きなテーマとなっています。

サプライチェーンの見直しや生産拠点の再構築といった課題を、ブロックチェーンを活用することでいかにして解決していくかと考えた時、大きく①商流系と②物流系に分けて整理することができます。

商流系では、バイヤーとサプライヤーが、ブロックチェーンプラットフォーム上で発注から納品・請求に至るまでのデータを管理することで取引管理を効率化するとともに、商流を裏付けとしたサプライヤー向けファイナンスが実現できます。

たとえば、R3社とパートナーであるDigital Ventures社およびAccenture社は、注文書・受領書・請求書の自動マッチングを行う仕組みを提供しています。この仕組みを使うことで、従来バイヤーとサプライヤーが受発注取引の際に行っていた紙での書類発行に係る多くの人員と時間、コストを削減できます。将来的には銀行と接続し、受発注のデータを用いたインボイス・ファイナンスを可能にすることも目指しています。

物流系では、たとえば工業製品であれば原材料から最終製品に至るまで、農産物であれば収穫から小売店に至るまで商品をトレースすることで、流通過程・経路を可視化すると同時に商品の品質を証明することが可能となります。

R3社のパートナーであるSecurity Matters社は、固体、液体、ガスなどの原材料や仕掛品の分子レベルに「印をつける」特許技術を活用し、その「印」をデータとしてブロックチェーン上に記録することで、原材料から仕掛品、最終完成品へのトレーサビリティーを実現させています。グローバルベースで複雑化するサプライチェーンにおいて、農作物の真正性を証明する手段として、また原料リサイクルを促す手段としての活用が期待されており、貴金属、農作物、化学製品、医療品等の分野で実証実験が進んでいます。

さまざまな業界において関係者間における情報の分断やデジタル化の遅れなど多くの課題を抱えていますが、CordaをベースとしたTaaS（Traceability as a Service）を導入することで、関係者間で情報を可視化し、サプライチェーン全体の業務効率化を図るとともに、成分管理、リコールが発生した場合などの追跡も容易となります。

ブロックチェーンを用いた代理店・募集人管理基盤システムの開発

保険事業を営むSBIインシュアランスグループにおいても、ブロックチェーンの活用が進んでいます。2020年10月、SBIインシュアランスグループ傘下のSBI日本少額短期保険と、企業向けブロックチェーン基盤の開発に豊富な経験を持つコンセンサス・ベイス社が、アメリカR3社のCordaを活用した少額短期保険会社向けの「代理店・募集人管理基盤システム」を共同で開発しました。

少額短期保険の募集・販売に際しては、各少短会社はそれぞれの募集代理店・募集人を管轄財務局へ登録・届出をする必要があります。2020年11月末時点で108社ある少短会社は、それぞれ独自の方法で代理店・募集人情報を管理し、財務局との手続きを行っています。

一方、保険募集代理店が一定の条件下で複数の保険会社を取り扱える「乗合制度」があり、こうした乗合代理店においては、各保険会社間で代理店・募集人情報を連携、共有す

［図表7-4］**代理店・募集人管理基盤システムのイメージ**

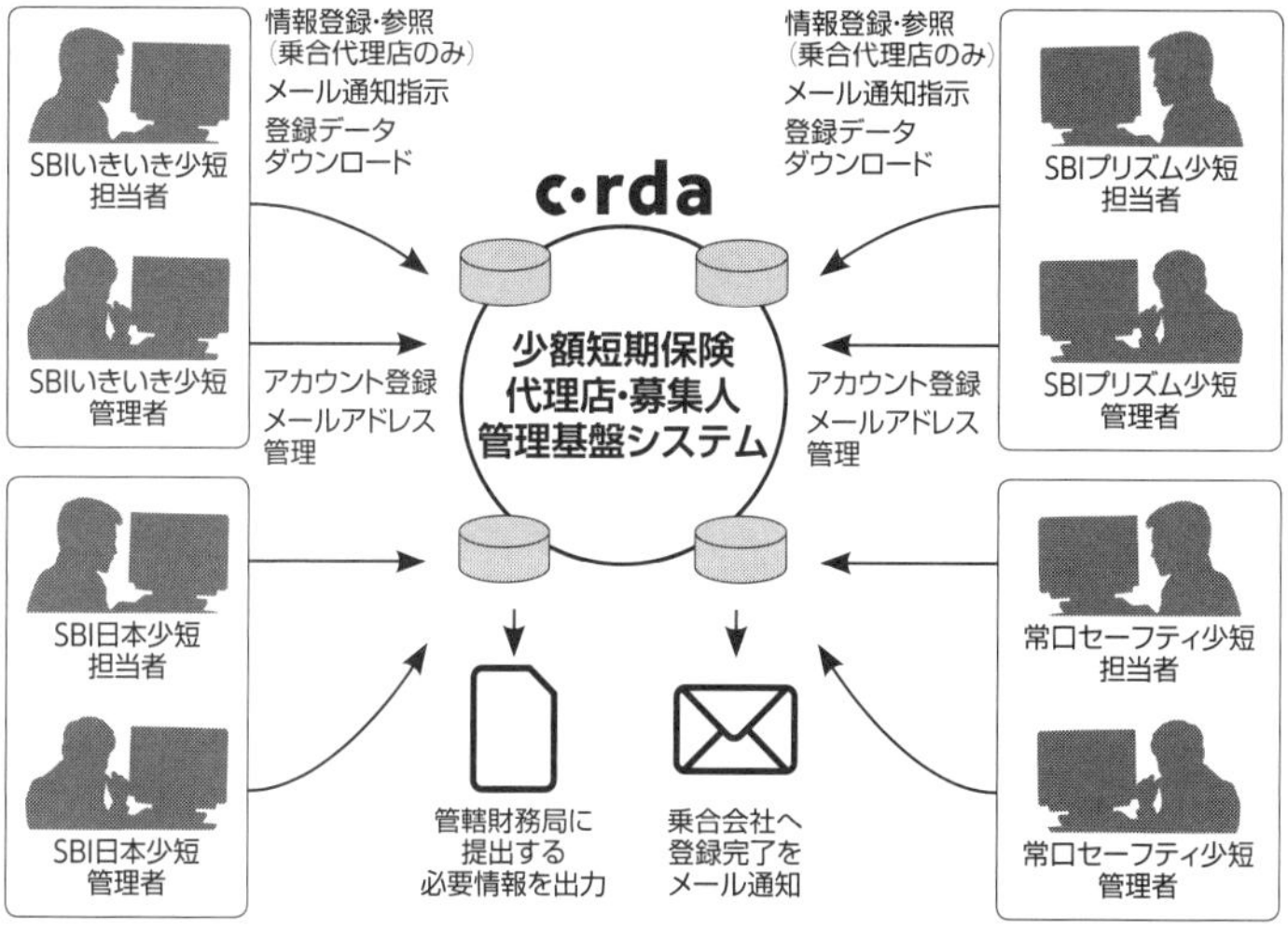

る必要があります。現状、このやり取りは個社ごとの方法に委ねられており、少短会社の増加に伴い、煩雑化が課題となっていました。

今回開発した「代理店・募集人管理基盤システム」により、この煩雑化した代理店・募集人の管理業務の標準化・簡素化と、それによるコスト削減を図ることができます。Cordaは金融機関が主導し開発されたものですから、プライバシー確保を強みとしています。本システムにおいても、代理店に乗り合う少短会社においてのみ効率的に情報を共有することができ、また代理店に乗り合う少短会社の変更時にも、柔軟に情報管理を行うことが可能です。さらに、Cordaの特性により、登録された代理店・募集人の個人情報の漏洩・改竄・消去を完全に防止できます（図表7－4）。

まずは、SBIインシュアランスグループ傘下の少短各社で運用を開始しますが、今後はグループ外の少短会社にもこのシステムを開放し、利用企業を増やすことで、業界全体の業務の効率化と標準化を目指していきたいと考えています。

デジタルアセット分野における企業生態系の構築

デジタルアセットとは「資産としての価値があるデジタルデータ」のことで、わかりやすい例としては暗号資産が挙げられます。SBIグループではデジタルアセット分野でもグローバルな生態系の構築を目指しています。

第1章で述べたように、私はこれまで「複雑系の科学」という学問にヒントを得て、企

［図表7-5］**SBIデジタルアセットホールディングスの企業生態系**

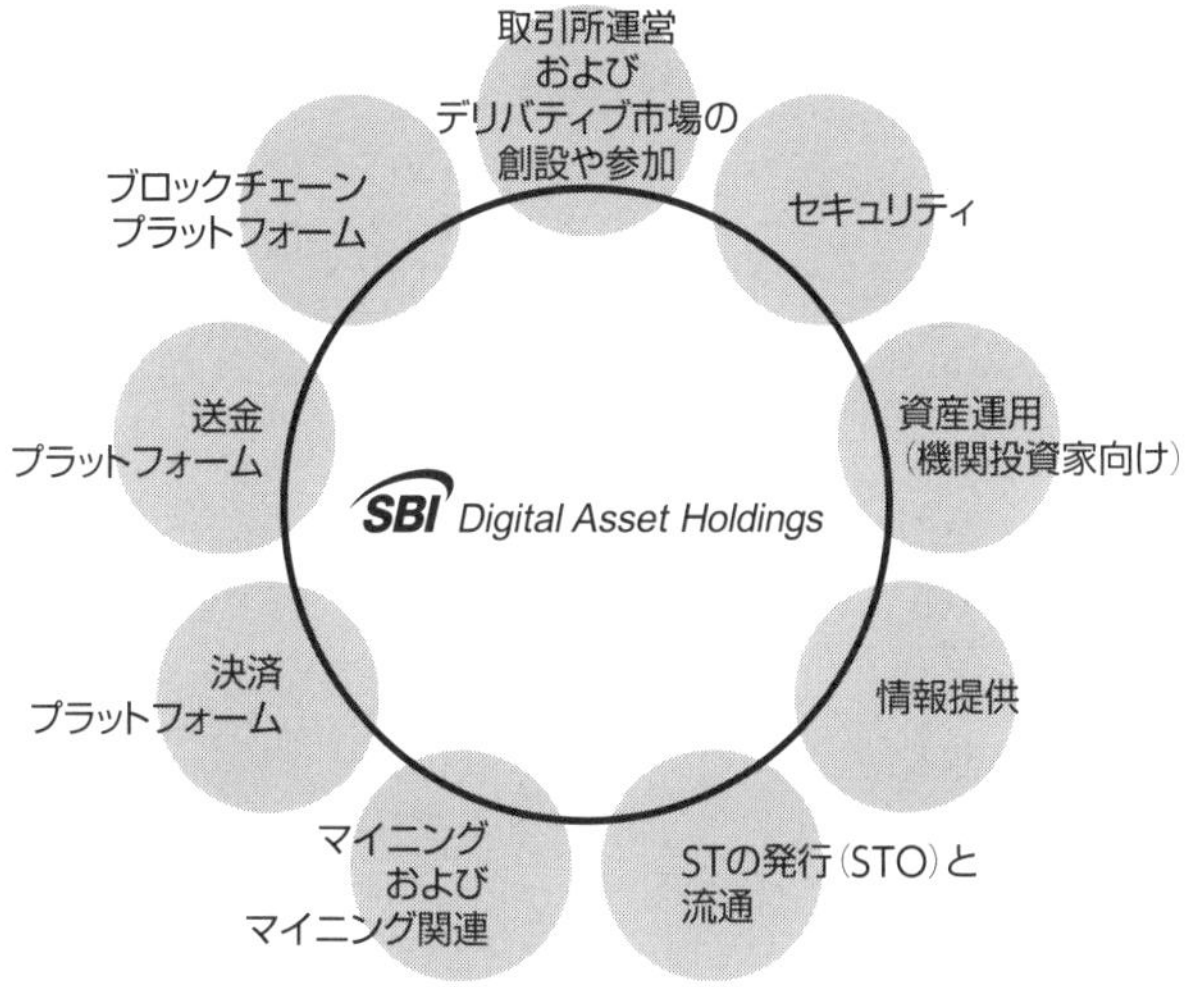

業生態系の仕組みを構築することでグループの事業を展開してきました。企業生態系の特徴は、グループの企業間で相互にシナジーを発揮しあうことで、一社単独では成し得ない高い成長ポテンシャルを実現できるということです。それはつまり1＋1を3や5にできるということで、それこそがSBIグループの競争優位性につながってきました。デジタルアセットの分野でも生態系をグローバルに構築し、最大限の相乗効果と相互進化を得られるような体制を作り上げていくつもりです。

具体的には、SBIデジタルアセッ

トホールディングスを中心としてグローバルに投資活動を展開しデジタルアセット分野での企業生態系の構築に拍車をかけています（図表7－5）。SBIグループほど網羅的かつ戦略的にデジタルアセット分野で布石を打っているところは世界中にないと自負しています。実際、R3社やRipple社への出資は、誰もまだその価値を認めていない時に決断しました。やがてグローバルスタンダードになり得ると当時判断したからですが、今やRipple社は国際送金分野では押しも押されもせぬ存在になり、R3社が主催するR3コンソーシアムには世界300以上の大手金融機関がメンバーあるいはパートナーとして参画しています。

STOによる金融取引の変革

デジタルアセット分野での具体的な事業展開の一つとして、STO（セキュリティ・トークン・オファリング）による金融取引の変革があります。STOとは、企業などがブロックチェーンを用いて電子的にトークン（証票）を発行し投資家から資金を調達する一方、投資家に収益分配を受ける権利を付与する行為を指します。一方でわが国を含め世界中で、投資家にトークンを暗号資産で購入してもらい、その暗号資産を法定通貨に換金して資金を調達するＩＣＯ（イニシャル・コイン・オファリング）が、明確な法規制がないまま行われ、ずさんな計画に基づく発行や、投資家が約束されたリターンを得られないといった詐欺的事案が発生していました。

そこで日本政府はイノベーションと投資家保護を図る観点から、電子的に発行されるトークンを「電子記録移転権利」（第一項有価証券）とし、トークンを用いた資金調達を規制の対象とする改正金融商品取引法を２０２０年5月に施行しました。ＳＴＯ市場のポテンシャルは大きいものがあります。市場が形成されれば、さまざまな成長過程にある企業が、株式や社債に代わる新しい資金調達手法としてＳＴＯを利用するようになるでしょう。経営支配権を手放さない外部資金調達など、既存の有価証券にはない自由度の高い設計での資金調達も低コスト・短期間で行うことができるようになると思います。

実際、不動産業界からは、不動産収益権の小口化を通じた幅広い投資家からの資金調達にSTOを活用したいといったニーズが聞こえてきています。また、従来のファンビジネスでは、応援したい人が自らの興味・関心に応じてグッズやチケットを買う一方的な支援でしたが、STOによる資金調達の仕組みを導入すれば、ファンとして支援したイベントが成功した場合に、所持するセキュリティトークンを通じ収益の配分が得られ関係性が双方向化されます。SBIグループではSBI e-SportsがSTOを活用した第三者割当増資を2020年10月30日に行いました。STOの分野では今後もSBI証券を引受人とした事業会社を発行体とするデジタル社債の公募取り扱いやその他STO（ファンド型）の公募取り扱いなど、一般投資家も対象にセキュリティトークンの投資機会を提供していく予定です。SBIグループではSTO市場の健全な発展に向けて、2019年10月に一般社団法人日本STO協会を発足させ、2020年4月に改正金融商品取引法上に基づく自主規制団体として金融庁から認可を受けました。auカブコム証券、SMBC日興証券、SBI証券、大和証券、東海東京証券、野村證券、Hash DasH、マネックス証券、みずほ証券、三井住友信託銀行、三菱UFJ信託銀行、楽天証券の12社が正会員として、ほかにも各方面から44社が賛助会員として参画しており（2020年12月時点）、投資家保護、業界の健全な発展を目的とするルールを策定しています。

また、発行を行うプライマリーマーケットだけでなく、トークン保有者間で売買を行うセカンダリーマーケットの構築も欠かせません。ＳＢＩグループでは、すでに構築しているデジタルアセット生態系に加え、戦略投資先を含む国内外のパートナー企業各社との連携も活用し、グローバルにＳＴ関連事業を展開していきます（図表７－６）。

デジタル取引所の創設

暗号資産はデジタルアセットの代名詞的な存在です。

しかし、民間の暗号資産が広く流通し出した場合、中央銀行による金融政策の効果が及ばなくなるのではないかといった懸念が広がっています。フェイスブックが主導する暗号資産「Libra（リブラ）」構想発表が世界中に衝撃を与え、主要７カ国（Ｇ７）財務大臣・中央銀行総裁会議の議長総括で「深刻な規制上ないしシステミックな懸念とともに、幅広い

［図表7-6］セキュリティトークン市場の発展に向けてグローバル生態系を構築

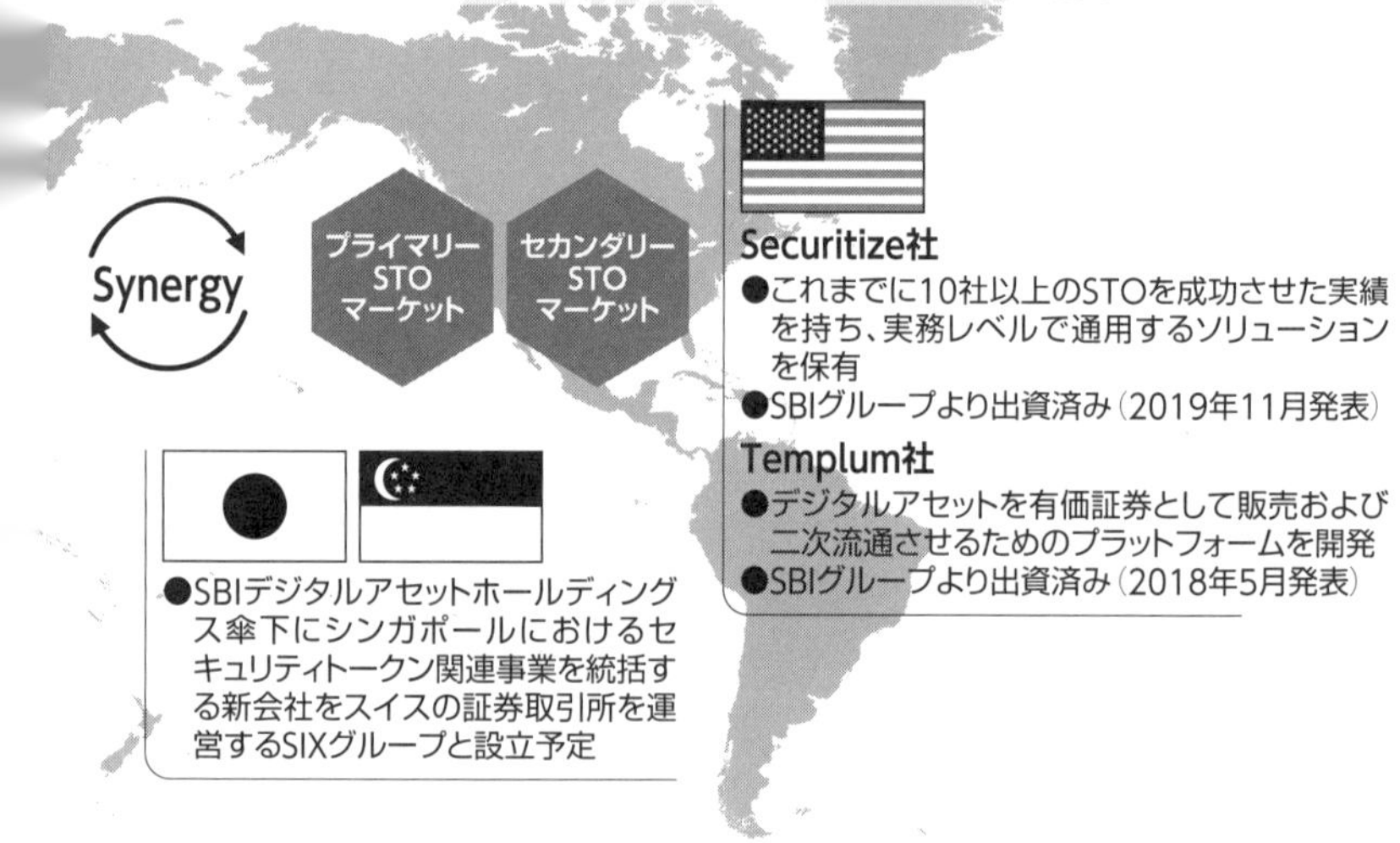
Synergy
プライマリーSTOマーケット
セカンダリーSTOマーケット
Securitize社
●これまでに10社以上のSTOを成功させた実績を持ち、実務レベルで通用するソリューションを保有
●SBIグループより出資済み（2019年11月発表）
Templum社
●デジタルアセットを有価証券として販売および二次流通させるためのプラットフォームを開発
●SBIグループより出資済み（2018年5月発表）
●SBIデジタルアセットホールディングス傘下にシンガポールにおけるセキュリティトークン関連事業を統括する新会社をスイスの証券取引所を運営するSIXグループと設立予定

政策上の課題を引き起こす」と明記されるなど、各国金融当局から当該構想の阻止も辞さないとして強い懸念と危機感が表明されたのは記憶に新しいところです。

ただ、アナログからデジタルへという大きな流れの中、暗号資産（デジタル通貨）の拡大は止まらないでしょう。たとえば中央銀行デジタル通貨（CBDC）をめぐっては、日本銀行を含むG7の7カ国の中央銀行と国際決済銀行が基本的な原則と特性をまとめた共同声明を2020年10月に公表し、日銀も2021年度の早い時期に実証実験を

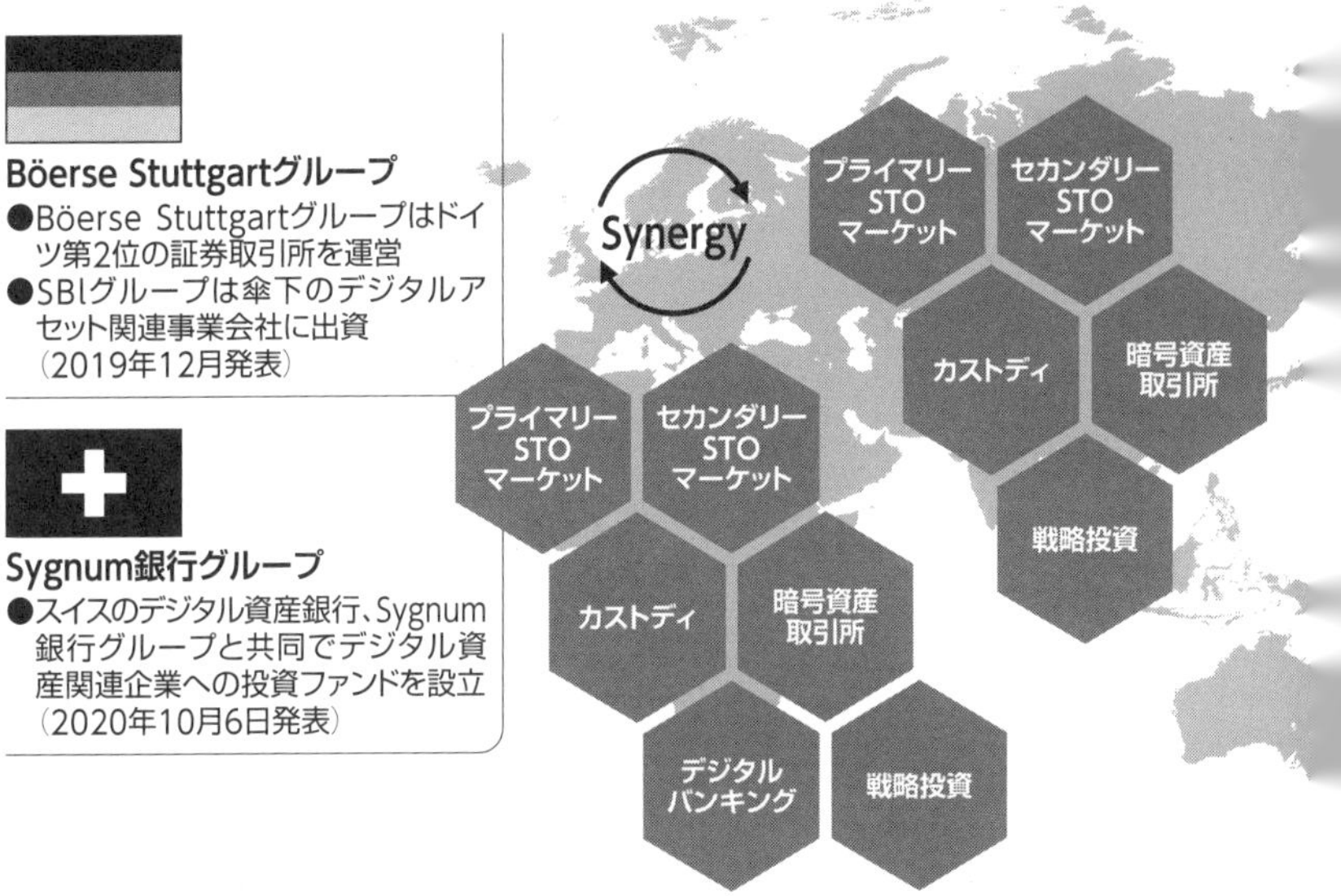
Böerse Stuttgartグループ
●Böerse Stuttgartグループはドイツ第2位の証券取引所を運営
●SBIグループは傘下のデジタルアセット関連事業会社に出資（2019年12月発表）
Sygnum銀行グループ
●スイスのデジタル資産銀行、Sygnum銀行グループと共同でデジタル資産関連企業への投資ファンドを設立（2020年10月6日発表）
Synergy
プライマリーSTOマーケット
セカンダリーSTOマーケット
カストディ
暗号資産取引所
戦略投資
プライマリーSTOマーケット
セカンダリーSTOマーケット
カストディ
暗号資産取引所
デジタルバンキング
戦略投資

開始するとの方針を示しています。

中国ではすでに広東省でデジタル人民元を実際に市民に配布する実証実験がスタートしています。中国の狙いには「基軸通貨であるドルへの挑戦」という政治的な思惑も透けて見えていますが、いずれにせよCBDCの発行は時間の問題でしょう。

こうした中、SBIグループは海外の証券取引所とも連携し、普通株やセキュリティトークン等を含めたアセットの流動性拡大に向け、国内・国外の双方にデジタル取引所を構築中です。国内のデジタル取引所については前章でも述べた国際金融都市構想のテーマと深く関係します。すなわち、次世代の金融商品市場「大阪デジタルエクスチェンジ」をＰＴＳとして創設し、多彩な金融商品をフェアかつ競争力の高いプラットフォームを通じて提供することで、投資家の需要に応えます。海外においては、第1章で取り上げたスイス証券取引所を運営するＳＩＸグループと組んでシンガポールに展開するほか、２０１９年12月にパートナーシップを発表したドイツ第2位の証券取引所を運営するBöerse Stuttgartグループとも連携します。日本（大阪）・スイス・シンガポール・ドイツの4つの市場を連携させてグローバル規模のネットワークを構築し、この分野におけるＳＢＩグループの圧倒的なプレゼンスを示します。

また、ＸＲＰやビットコイン、イーサリアムといった暗号資産は機関投資家にとって伝統的なアセットの代替的な金融商品として位置付けられるようになってきています。株や債券といったアセットクラスとの相関性が低く、分散投資の効果も高いとされています。ＳＢＩオルタナティブ・アセットマネジメントでも国内で初めて暗号資産を組み込んだファンドを匿名組合形式で組成し、２０２１年度中に運用を開始する予定です。

正しい倫理的価値観を持つことの重要性

SBIグループとしては、各種の規制との兼ね合いを慎重に見極めつつスピーディに事業を展開していくつもりですが、この分野では一方で正しい倫理的価値観を持つことも極めて重要だと考えています。残念なことに、暗号資産に関しては、詐欺的な事件やシステムの脆弱性に起因するハッキング事件などのトラブルが相次ぎました。公益よりも私益を優先したり、セキュリティ対策をないがしろにしたりした結果であり、起こるべくして起こったと言えます。

CBDCのようなデジタルアセットには「形」がありませんのでそこには、お札や硬貨は介在しません。そしてフィアットカレンシー（法定通貨）は国家がコントロールする通貨制度の下で価値を交換することになりますが、デジタルアセットであれば当事者同士がインターネット上で、中央銀行やプラットフォーマーの存在なしで交換することが可能となります。ですから、そうしたデジタルアセットを基盤とした生態系をグローバルに構築していく上では、これまで以上に正しい倫理的価値観が求められると考えています。

ＳＢＩグループにおける5つの経営理念の1番目に掲げているのが「正しい倫理的価値観を持つ」です。「法律に触れないか」、「儲かるか」ではなく、それをすることが社会正義に照らして正しいかどうかを判断基準として事業を行う。このことを改めて肝に銘じながら、デジタルアセット分野においても、ＳＢＩグループは「自己進化」に加え、外部のさまざまな企業とオープン・アライアンスで提携し、さらなる進化を続けていきます。

第 7 章

DX時代における新しい金融の姿

おわりに

私がＳＢＩグループを創業してから早21年が経ちました。大学卒業後、野村證券に入社し、その後ソフトバンクに移るまでが21年でしたので、これからのＳＢＩグループでの時間が私のビジネス人生の中で野村證券を越えると思うと感慨深いものがあります。

ソフトバンクに移った私にとって、孫さんが話すインターネットの将来性は目から鱗でした。そしてインターネットと金融の親和性を確信したことが私にとっての転機となりました。

同時に、私はこれが自分の天命だと信じられることに出会いました。２０００年にＰＨＰ研究所から上梓した拙著『不変の経営・成長の経営』の「はじめに」にも記していますが、その一つは「ウェブ上で様々な顧客中心の金融サービスの事業を展開し、それらのサービスを消費者や投資家により安く提供し、もって社会に貢献すること」でした。インターネットの力を借りて金融の世界に革命を起こそう――それがＳＢＩグループ創業者としての私の原点です。

1999年当時、アメリカではインターネットが広まりつつありましたが、日本ではまだまだという状況でした。そういった状況の中で、丁度モルガン・スタンレーでインターネット関連業界を担当していた女性アナリストが、「インターネットに一番親和性があるのは金融業である」という趣旨のレポートを発表したのです。金融はそもそも情報産業ですから、デジタルとの相性が良いのは当然のことです。「ウェブ上で様々な顧客中心の金融サービスの事業を展開」することは、正に時流に乗ったビジネスであったと言えましょう。

私は金融事業を中心とした企業生態系、つまり傘下の関連企業が相互にシナジーを発揮し進化する仕組みを構築し、グループとしても発展してきました。しかし、時流に乗ったからといって、一時点の成功体験に胡坐をかいていては事業はすぐさま行き詰ります。ですから、常に改善、進化をしていくことをSBIグループのDNAとしてきました。そのために、グループ内のみならず、様々なグループ外企業とも連携して事業基盤を拡大させる「オープン・アライアンス」を強力に推進してきました。

地域金融機関との取り組みは、2015年12月に設立したFintechファンドに多くの地域金融機関にご出資いただいたことをきっかけに、そこから本格的に始まったように思います。これは、時代の流れとともにフィンテックサービスとそのベンチャー企業が台頭し、旧態依然とした金融機関にとって変化が求められるタイミングと重なったからだと思います。私どもは99年の創業以来、ベンチャーキャピタル事業を金融サービス事業と並ぶ柱として、IT関連のベンチャー企業に数多く出資し公開に向けその成長を支援する、ということを続けてきました。それ故に、地域金融機関とフィンテックベンチャーの橋渡し役は、私どもSBIグループにしかできないという自負があります。

「第4のメガバンク構想」は、言葉こそ多くのメディアで取り上げられていますが、4つ目のメガバンクを創るということではなく、一種の共同体という概念です。上杉鷹山の「三助の精神」を、地域金融機関を取り巻く環境に当てはめると分かりやすいです。自行内で業績の改善を目指し、徹底的な現状分析と直面する問題の解決に向けた最大限の努力を近未来の姿を描きつつ行う。これが自助だと思います。自らを築くのは自分自身でしかないのです。また、共助の面では、SBIグループの提供する地域金融機関を支援する枠組みを活用し、例えばATM等のシステムを多くの地域金融機関で共通化しコスト削減を図ることであったり、公助の面では政府や地方公共団体は地域金融機関をサポートするために様々な配慮をしてきていると思います。

これまでは、地域金融機関に私どもの様々なサービスを提供し、連携することが中心でした。ある地域金融機関の頭取とお話した時に「北尾さんのところにはお世話になってきているけど、こんなに色んなことで、色んなグループの会社さんからお世話になっているのだということが今回自分たちはよく認識できました」と仰っていただいたこともあります。それくらい我々のグループは、広く様々なサービスが提供できるということです。しかし、これからは如何に地方へヒト・モノ・カネを動かすかというより大きな課題に挑戦していかなければなりません。幸い、志を同じくする仲間に恵まれています。皆で英知を結集して成果を出したいと思っています。その過程において、私どもが従来から掲げている「金融を核に金融を超える」という面でさらなる進化がもたらされることを期待しています。

国際金融都市構想では、大阪・神戸を拠点とした構想を描いています。これも地方創生の一つの形だと思います。地盤沈下する都市をつくってはいけない、それこそ地方創生で再生を成し遂げなければいけないのです。

私はこれまで有志竟成《ゆうしきょうせい》(『後漢書』)という信念で、志を持って進んできました。これは私の経験則ですが、「世の為の人の為」にやっていると、ふと天が良き機会やご縁を与えてくれることがあります。それは「世の為人の為」になるよう更に奮闘努力して発展せよ、という天の思し召しではないかと思うのです。

人口減少社会、少子高齢化等、地方経済の疲弊が叫ばれるようになって久しいですが、「生きるとは、希望を持って常に前進し、変化していくことではないか」と私は思っています。悲観的に生きるのではなく、常に明るい未来を思い描いて、そして勇気を持って様々なことにチャレンジし、善行を積み重ねていけば必ず余分の恵みが天から与えられるものだと、私は自分自身の経験を通じて確信しています。中国古典の『易経』にある「積善の家には必ず余慶《よけい》あり。積不善の家には必ず余殃《よおう》あり」は真に至言と言えるでしょう。

読者の皆様の未来に幸多からんことを祈ります。

2020年12月吉日

北尾　吉孝

SBI大学院大学のご紹介

学校法人 SBI 大学が運営するビジネススクール「SBI 大学院大学」は「新産業クリエーター」を標榜する SBI グループが全面支援をして、高い意欲と志を有する人々に広く門戸を開放し、互いに学び合い、鍛え合う場を提供しています。

私たちのビジネススクールの特徴とは

1. 経営に求められる人間学の探究
中国古典を現代に読み解き、物事の本質を見抜く力、時代を予見する先見性、大局的な思考を身に付け、次世代を担う起業家、リーダーに求められるぶれない判断軸をつくります。

2. テクノロジートレンドの研究と活用
グローバルに活躍する実務家教員による時流に沿った専門的な知見を公開します。講義の他、一般向けのセミナーや勉強会などを通して、研究成果や事業化に向けた活用など、新産業創出に貢献いたします。

3. 学びの集大成としての事業計画の策定
MBA 本科コースでは学びの集大成として、各自による事業計画書の作成、プレゼンテーションが修了演習の1つとして設置されています。少人数によるゼミ形式のため、きめ細やかなサポートはもちろん、実現性の高い事業計画書の策定が可能となります。
その他、所属する組織の改革プラン作成（組織変革演習）や修論ゼミの演習を選択することも可能です。

オンライン学習システムで働きながら MBA を取得

当大学院大学では、マルチデバイスに対応したオンライン学習システムにて授業を提供しています。インターネット環境さえあれば、PC やモバイル端末から場所や時間に縛られず受講が可能です。

また、教員への質疑やオンラインディスカッション、集合型の対面授業などのインタラクティブな学習環境も用意されているため、より深い学びが得られます。働きながらビジネススキルを磨き、最短 2年間から最長5年間（長期履修制度利用）の履修により自分のペースに合わせて MBA の取得が可能です。

大学名称・学長	SBI大学院大学・北尾 吉孝
MBA 本科 コース	経営管理研究科・アントレプレナー専攻 / 定員：60 名 （春期・秋期各 30 名）/ 修了後の学位:MBA（経営管理修士（専門職））
Pre-MBA コース	MBA 本科コース必修科目を中心に4単位分をパッケージしたコース。 割安な授業料で受講でき、取得単位は本科編入時に移行可能で 入学金免除、取得単位数に応じた本科授業料の割引制度が利用可能
MBA 単科 コース	興味ある科目を1科目から受講でき、本科編入時に単位移行可能
MBA 独習ゼミ	科目例：「中国古典から学ぶ経営理論」、北尾吉孝の人間学講義 「安岡正篤と森信三」 https://www.sbi-u.ac.jp/dokusyu/application
開催イベント	個別相談、オープンキャンパス（体験授業）、説明会、修了生体験談等
URL	https://www.sbi-u.ac.jp/

2020.11.30 現在

SBI Graduate School
SBI大学院大学

〒100-6209 東京都千代田区丸の内 1丁目11番1号
パシフィックセンチュリープレイス丸の内 9 階
TEL：03-5293-4100/ FAX：03-5293-4102
E-mail：admin@sbi-u.ac.jp
※2021年4月1日より泉ガーデンタワー 21 階に移転予定

北尾 吉孝（きたお よしたか）

1951年、兵庫県生まれ。1974年、慶應義塾大学経済学部を卒業、野村證券に入社。ケンブリッジ大学経済学部へ留学し、1978年に卒業。ワッサースタイン・ペレラ・インターナショナル社（ロンドン）常務取締役、野村企業情報取締役、野村證券事業法人三部長を務め、1995年、孫正義氏の招聘により常務取締役としてソフトバンクに入社。2005年にソフトバンク取締役を退任。現在は、SBIホールディングスの代表取締役社長のほか、公益財団法人SBI子ども希望財団理事、SBI大学院大学理事長兼学長、社会福祉法人慈徳院理事長などを務める。
『挑戦と進化の経営』（幻冬舎）、『進化し続ける経営』（東洋経済新報社）、『不変の経営・成長の経営』（PHP研究所）、『実践FinTech』『成功企業に学ぶ 実践フィンテック』（日本経済新聞出版）、『何のために働くのか』『修身のすすめ』『安岡正篤ノート』（致知出版社）、『実践版 安岡正篤』（プレジデント社） など、著書多数。

地方創生への挑戦
——SBIグループが描く新しい地域金融

2021年1月27日　第1刷発行

著　　者　北尾吉孝
発 行 者　加藤一浩

校　　正　小野澤多恵子
デザイン　藤井康正［Fujii Graphics］
印 刷 所　株式会社光邦

発 行 所　株式会社きんざい
〒160-8520 東京都新宿区南元町19
電話　（編集）03-3355-1770　（販売）03-3358-2891
https://www.kinzai.jp/

ISBN978-4-322-13587-9